2학년 2학기

미리 보는
초등 국어
교과서

미리 보는 **2학년** 2학기
초등 국어 교과서

초판 1쇄 2017년 8월 21일

엮은이 | 김희진
그린이 | 김복화
펴낸이 | 조영진
펴낸곳 | 고래가숨쉬는도서관
출판등록 | 제406-2012-000082호
주소 | 경기도 파주시 회동길 329 (서패동) 2층
전화 | 031-955-9680~9681 팩스 | 031-955-9682
홈페이지 | www.goraebook.com
이메일 | goraebook@naver.com

글 ⓒ 김희진 2017 | 그림 ⓒ 김복화 2017

ISBN 979-11-87427-45-2 64700
    979-11-87427-13-1 64700(세트)

품명 도서 | **전화번호** 031-955-9680 | **제조년월** 2017년 8월
제조국명 대한민국 | **제조자명** 고래가숨쉬는도서관
주소 경기도 파주시 회동길 329 2층 | **사용 연령** 7세 이상
＊KC마크는 이 제품이 공통안전기준에 적합하였음을 의미합니다.

미리 보는
초등 국어
교과서

엮은이 **김희진** | 그린이 **김복화**

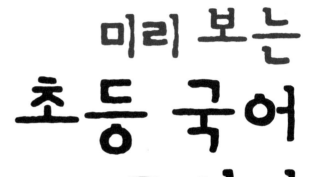
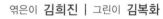

고래가
숨 쉬는
도서관

미리 보는 초등 국어 교과서를 읽기 전에

우리는 왜 국어 공부를 해야 될까요? 한국인으로서 소통하고, 사고하는 데 큰 역할을 하는 것이 국어입니다. 국어는 우리의 말과 글, 우리 문화를 배우는 중요한 과목입니다. 또한 국어는 내 생각과 다른 사람의 생각을 표현하는 데 가장 편리하고 효과적인 수단입니다. 그리고 다른 과목을 공부하는 데 도움을 주는 과목이기도 합니다.

학교에서 국어를 배우게 된 어린이들은 국어가 시시하다고 생각하기도 합니다. 하지만 어떤 어린이들은 어렵다고 생각하기도 합니다. 그렇다면 국어 공부가 어렵다고 생각하는 친구들은 어떻게 공부해야 할까요? 아마 교과서에 있는 내용을 미리 접해 볼 수 있다면 학교 공부에 대해 자신감을 가질 수 있을 것입니다.

사람의 말은 서로 표현하고 대화하려는 노력 속에서 생겨났습니다. 그런데 말로 하다 보니 약속된 상징, 도구의 필요성이 생겨서 글이 만들어졌답니다. 세종대왕이 나라를 다스리기 전까지 우리나라 사람들은 중국의 한자를 썼습니다. 그런데 쓰는 글이 너무 많고 어려워서 공부를 많이 한 분들도 다 이해하지 못했답니다. 그래서 세종대왕이 사람의 입 모양을 살펴보고 사람들이 살아가는 원리를 적용한 쉽고 과학적인 글자를 만들었습니다. 그것이 우리의 글인 한글입니다.

이렇게 오랜 역사를 가진 한글을 바탕으로 한 국어 공부를 시작하기 전에 국어에 대한 관심과 자신감을 얻을 수 있는 방법은 없을까요? 이런 어린이들의 마음을 살펴서 만든 것이 바로 『미리 보는 초등 국어 교과서』입니다.

이 책은 2017년 새 국어 교과서의 내용을 충실히 반영하였습니다. 국어 교과서는 학기별로 『국어』 2권, 『국어 활동』 1권으로 구성되어 있습니다. 이 책은 『국어』 가 권, 나 권, 그리고 보조 교과서인 『국어 활동』의 내용을 한 권에 모두 담았습니다. 학습 현장에서 공부하는 교과서의 구성에 따라 만들었으므로 교과서의 흐름을 미리 살펴볼 수 있습니다.

『미리 보는 초등 국어 교과서』에는 국어 교과서에 있는 흥미로운 이야기와 언어 사용 영역(듣기·말하기·읽기·쓰기) 그리고 현직 초등학교 선생님이 들려주는 도움말과 친근한 그림들이 담겨 있습니다. 어린이들이 이해하기 쉬운 말과 그림으로 구성되어 있어 읽는 내내 즐겁고, 머릿속에도 쏙쏙 들어옵니다. 재미있게 읽어 나가고, 흥미로운 질문과 놀이 활동에 대답을 하다 보면 자신도 모르게 국어 실력이 쑥쑥 자라는 것을 느낄 수 있을 것입니다.

이 책은 교과서 검토에 참여한 현직 초등학교 교사가 직접 쓴 책입니다. 교과서의 내용을 충실히 따르면서 학생들이 국어 과목에 관심과 흥미를 느낄 수 있도록 연구하며 이 책을 썼습니다. 『미리 보는 초등 국어 교과서』를 통해 여러분이 국어에 대해 새로운 깨달음을 얻고 국어 과목이 가진 재미를 깨닫기를 기대합니다.

차 례

미리 보는 초등 국어 교과서를 읽기 전에 4
이 책의 구성과 특징 8

국어 2-2 가

1. 장면을 떠올리며 10

2. 인상 깊었던 일을 써요 24

3. 말의 재미를 찾아서 42

4. 인물의 마음을 짐작해요 60

5. 간직하고 싶은 노래 74

6. 자세하게 소개해요 86

국어 2-2 나

7. 일이 일어난 차례를 살펴요 102

8. 바르게 말해요 112

9. 주요 내용을 찾아요 126

10. 칭찬하는 말을 주고받아요 138

11. 실감 나게 표현해요 150

예시 답안 164

이 책의 특징

- 2017년 개정 교과서의 내용을 충실히 반영하였습니다.
- 학교 현장에서 공부하는 교과서의 구성에 따라 만들었습니다.
- 교과서의 구성에 맞게 교과서의 흐름을 미리 살펴볼 수 있도록 하였습니다.
- 캐릭터들이 학습 도우미로 나와 공부하면서 궁금한 점을 같이 해결할 수 있습니다.
- 학생들이 자기 스스로 학습 활동을 해 보며 자기 주도 학습이 가능하도록 구성하였습니다.

이 책의 구성과 활용

준비하기

단원 학습을 위한 준비 활동을 하고 학습 계획을 세웁니다.

기본 학습

단원에서 배워야 할 내용을 익히고 연습합니다.

실천 학습

단원에서 배운 내용을 새로운 상황에 적용하고, 단원 학습 내용을 정리합니다.

국어 활동

국어 수업 시간에 활용하거나 집에서 공부할 때 활용할 수 있습니다.

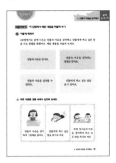

정리하기

단원 전체 학습에 대해 정리하고 생활 속에서 실천할 수 있는 방안을 생각해 봅니다.

학습 도우미

공부하면서 궁금한 점이 생기면 선생님, 염소, 강아지 친구, 토끼 친구들의 이야기를 잘 들으며 공부할 내용을 점검하고 도움을 받을 수 있습니다. 또한 친근하게 공부를 할 수 있어 학생들의 흥미와 재미를 유발하게 합니다.

학습 목표   시나 이야기를 읽고 장면을 떠올리며 생각이나 느낌을 말할 수 있어요.

배울 거리   기억에 남는 시나 이야기를 소개하기

🌑 이렇게 배워요

「잠자리 동동 파리 동동」을 읽고 장면을 떠올려 보세요. 기억에 남는 시나 이야기가 있는지 이야기해 보세요.

🌑 선생님과 함께 미리 보는 국어책

잠자리 동동 파리 동동

잠자리 동동 파리 동동

울 너머로 가지 마라

똥물 먹고 죽을라

잠자리 동동 파리 동동

높이 높이 날지 마라

거미줄에 얽힐라

잠자리 동동 파리 동동

이리 와서 앉아라

나하고 나하고 놀자

● 「잠자리 동동 파리 동동」을 읽고 떠올린 장면을 정리해 보세요.

시의 장면을 떠올리는 방법	떠올린 장면
시의 내용을 생각하며 장면 떠올리기	
인물의 마음을 생각하며 장면 떠올리기	파리와 잠자리가 날아다니는 모습을 보며 반가워하고 즐거워하는 아이의 표정이 떠올라.
비슷한 경험을 생각하며 장면 떠올리기	

시의 내용을 생각하며 떠오르는 장면에 대한 생각이나 느낌을 이야기하면 장면을 생생하게 떠올릴 수 있고 시를 읽는 재미를 느낄 수 있어요.

배울 거리   시를 읽고 생각이나 느낌 말하기

이렇게 배워요

정해진 시간 동안 기억에 남는 시나 이야기의 제목을 생각나는 대로 적어 보고 그중에서 가장 기억에 남는 시나 이야기를 소개해 보아요.

기억에 남는 시나 이야기의 제목을 떠올려 보세요.

시나 이야기 가운데에서 기억에 남는 부분을 글이나 그림으로 표현해 보세요.

시나 이야기의 제목을 쓰고, 그것을 읽을 때 가장 재미있었다고 느꼈던 부분이나 감동적이었던 부분을 떠올려 보세요. 선생님은 「신기한 독」이라는 동화 첫 부분이 재미있었어요.

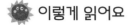 **배울 거리**   이야기를 읽고 장면을 떠올려 말하기

🌞 이렇게 읽어요

이야기를 좋아하는 할아버지가 사 온 이야기의 내용이 우연히 도둑의 행동과 같아 놀란 도둑이 도망쳤다는 내용의 옛 이야기를 읽어 보세요. 이야기를 읽고 장면을 상상하고, 이야기의 내용에 어울리는 장면을 연결하는 활동을 해 보세요.

🌞 선생님과 함께 재미있게 읽어 보는 이야기

이야기로 쫓은 도둑

옛날 외딴 산골에 자식 없이 둘이 살고 있는 노부부가 있었어요. 노부부는 자식도 없고 사람도 살지 않는 산골에 살다 보니 밤이 되면 무척 심심했어요. 할머니는 이야기를 듣는 것을 무척 좋아하여 저녁만 먹으면 무슨 이야기든 한 가지라도 듣고 잠이 들곤 했어요.

어느 날 할아버지가 알고 있는 이야기가 모두 바닥이 나자, 할머니는 할아버지에게 무명 한 필을 주고 이야기를 사 오라고 했어요. 할아버지는 이야기를 사러 장으로 가던 길에 쉬고 있는 농부를 만났어요.

농부가 물었어요.

"어디를 가십니까? 어깨에 메고 있는 것은 무엇이오?"

"무명 한 필이오."

"무명을 가지고 무엇을 하려고요?"

"장에 가서 팔 거요."

"그 무명 값이 얼마요?"

"돈은 받지 않고 이야기를 받고 팔 것이오."

농부는 그 말을 듣고 어리둥절했지만 이렇게 말했어요.

"내가 이야기를 하고 그 무명을 사겠소."

할아버지는 농부에게 어서 이야기를 해 보라고 했어요.

농부는 황새 한 마리가 날아드는 것을 보았어요.

농부는 황새를 바라보며 말했어요.

"훨훨 날아든다."

"우뚝 섰다."

"쿡 찍는다."

"퍽 찍고 달리네."

할아버지는 그 말을 따라해 보았어요.

"훨훨 날아든다."

"우뚝 섰다."

"쿡 찍는다."

"퍽 찍고 달리네."

할아버지는 농부에게 무명을 주며 말했어요.

"재미있는 이야기 잘 들었소."

할아버지는 처음에는 이상한 이야기를 들었다고 생각을 했는데 장단을 치면서 이야기를 하니까 흥이 돋아 집으로 돌아왔어요.

「이야기로 쫓은 도둑」을 읽고 물음에 답해 보세요.

할아버지가 무명 한 필을 팔아서 사려고 한 것은 무엇인가요?

할아버지에게 이야기를 들려준 사람은 누구인가요?

할아버지가 사 온 이야기는 무엇인가요?

농부에게 이야기를 배운 할아버지의 마음은 어떠했을까요?

장면을 떠올리며 이야기를 읽으면
인물의 모습이나 행동, 일어난 일 등을
구체적인 장면으로 떠올릴 수 있어요.

장면을 떠올리며 이야기를 읽으면 이야기를
오래 기억하고 이야기를 읽는 재미를 느낄 수
있고, 상상력을 가질 수 있어요.

◉ 이야기를 읽고, 일이 일어난 곳을 떠올리며 각 장면에 어울리는 그림을 찾아 번호를 써 보세요.

그때 마침 할아버지네 집 담을 넘어 도둑이 슬그머니 들어왔어요.	
도둑은 담을 넘어 들어와 몸을 우뚝 세웠어요.	
배가 고팠던 도둑이 부뚜막에 있던 떡을 쿡 집어 입에 넣었어요.	
도둑은 너무 놀라 담을 훌쩍 넘어 도망쳤어요.	

◉ 「이야기로 쫓은 도둑」 장면을 떠올리며 짝과 역할을 정해 실감 나게 읽어 보세요.

할머니: (할아버지를 바라보며 반갑게 이야기한다.) 영감, 무명과 이야기 한 편을 바꿔 왔수?

할아버지: (할머니를 바라보며) 그럼, 재미있는 이야기를 사 왔지.

도둑: (도둑이 할아버지와 할머니가 살고 있는 집 담을 넘어서 들어온다.)

할아버지: 훨훨 날아든다.

할머니: 훨훨 날아든다.

도둑: (놀란 도둑이 몸을 세웠다.)

할아버지: 우뚝 섰다.

할머니: 우뚝 섰다.

도둑: (도둑이 놀라 부엌 안을 살핀다. 배가 고픈 도둑은 부뚜막에 있던 떡을 보고 덥석 집었다.)

할아버지: 쿡 집는다.

할머니: 쿡 집는다.

도둑: (무서워서 표정이 바뀐다.)

할아버지: 퍽 찍고 달리네.

할머니: 퍽 찍고 달리네.

도둑: (도둑이 놀라 도망간다.)

할머니: 이야기 정말 재미있구려.

할아버지: 재미있지? 다음에도 또 재미있는 이야기를 사 와야겠구먼.

할아버지와 할머니는 마주 보고 큰 소리로 웃었어요.

실천 학습

● 여러 가지 방법 가운데에서 하나를 골라 시나 이야기의 내용을 전하고 생각이나 느낌을 표현해 보세요.

🎈 요술 막대를 이용하여 생각이나 느낌을 표현해 보세요.

① 투명 용지에 시나 이야기의 장면을 표현합니다.

② 검정색 막대에 흰색 동그라미를 붙여 요술 막대를 만듭니다.

③ 투명 용지와 검정 도화지 사이에 요술 막대를 넣어 시나 이야기의 내용을 나타냅니다.

나는 「할머니표 냉장고」라는 시가 떠올라요. 이 시를 읽고 싱싱한 채소가 자라고 있는 넓은 마당이 떠올랐어요. 나는 이것을 투명 용지에 그리고 요술 막대를 이용해서 나타내 볼 거예요.

묻고 답하기 놀이를 하고 생각이나 느낌을 말해 보세요.

놀이방법

❶ 정사각형 종이로 동서남북 놀잇감을 만듭니다.

❷ 동서남북의 방향과 횟수에 따라 놀잇감을 움직여 나오는 말을 확인합니다.

❸ 짝이 질문하면 ((예) 언제, 어디에서 일어난 일이야?/ 나오는 인물이 누구야?) 시나 이야기의 내용을 말합니다.

❹ 시나 이야기의 내용을 전하는 묻고 답하기 놀이가 끝나고 생각이나 느낌을 말합니다.

◉ 동서남북 놀잇감 만들기

① 종이를 가로로 반, 세로로
반을 접었다가 폅니다.

② 꼭짓점을 중심점에 맞추어
세모 모양으로 접습니다.

③ 같은 방법으로 나머지
꼭짓점도 중심에 맞추어
접습니다.

④ 종이를 뒤집어 꼭짓점을
중심점에 맞추어 세모
모양으로 접습니다.

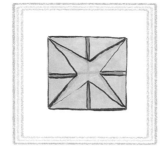

⑤ 나머지 꼭짓점도 중심점
에 맞춰 모두 접습니다.

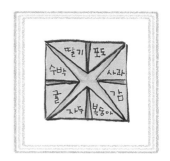

⑥ 여덟 개의 작은 삼각형에
각각 낱말을 씁니다.

⑦ 종이를 뒤집어 네 개의
사각형에 '동서남북'을
씁니다.

⑧ 손가락을 네 개의 사각형에 끼우고 위와 아래, 왼쪽과
오른쪽으로 벌리면서 놀이합니다. '동서남북' 대신 친구
들 이름을 적어서 놀이를 해도 됩니다.

되돌아보기 시나 이야기를 읽고 생각이나 느낌을 잘 말할 수 있는지 확인해 보기

🌞 **이렇게 배워요**

1단원에서는 장면을 떠올리며 시나 이야기를 읽고 느낌 말하기, 이야기를 읽고 장면을 떠올려 말하는 것에 대해 배웠어요. 시나 이야기를 읽고 생각이나 느낌을 잘 말할 수 있는지 확인해 보세요.

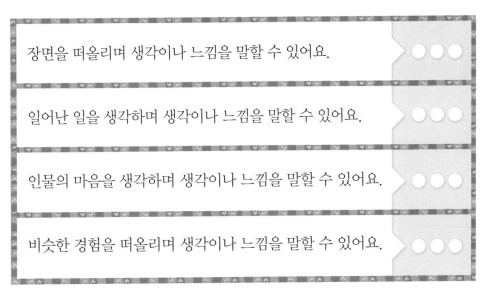

장면을 떠올리며 생각이나 느낌을 말할 수 있어요. ○○○

일어난 일을 생각하며 생각이나 느낌을 말할 수 있어요. ○○○

인물의 마음을 생각하며 생각이나 느낌을 말할 수 있어요. ○○○

비슷한 경험을 떠올리며 생각이나 느낌을 말할 수 있어요. ○○○

매우 잘함 ●●● 잘함 ●● 보통임 ●

🌼 **이 단원에서 배운 내용을 생활 속에서 실천해 보세요.**

장면을 떠올리며 시나 이야기를 읽을 거야.

시나 이야기를 읽고 재미있는 방법으로 내용을 전할 거야.

시나 이야기를 찾아 읽고 생각이나 느낌을 자세하게 전할 거야.

학습 목표   생각이나 느낌이 잘 드러나게 인상 깊었던 일을 글로 쓸 수 있어요.

배울 거리   인상 깊은 일이 무엇인지 알기

이렇게 읽어요

글을 읽고 인상 깊은 일이 무엇인지, 인상 깊은 일에 대한 생각이나 느낌을 어떻게 표현하는지 알아보세요. 가은이가 어떤 일을 겪었는지 생각하며 「새 운동화」를 읽어 보세요.

선생님과 함께 미리 보는 국어책

새 운동화

"엄마, 운동화가 작아서 발이 아파요."

"그래? 새 운동화를 사러 가야겠구나."

토요일 오전이라 그런지 신발 가게는 조용했다. 신발 가게에 있는 많은 신발 가운데에서 공주 그림이 있는 노란 운동화를 신어 보았다.

"엄마, 이 운동화를 사고 싶어요."

"그게 마음에 드니? 그럼 그것으로 하자."

집으로 돌아와 새 운동화를 신고 학교 운동장으로 나가 봤다. 운동장에는 여러 명이 술래잡기를 하고 있었다.

"가은아, 어서 와. 너도 같이 하자."

아이들이 술래잡기를 함께 하자고 해서 고마웠다. 새 운동화를 신고 달리니 붕붕 날아가는 것 같았다.

"가은아, 웬일이니? 오늘 정말 잘한다."

나에게 늘 잡히지 않았던 채현이가 잡히면서 말했다. 새 운동화를 신어서 달리기가 더 빨라진 것 같았다. 노란 내 새 운동화가 더욱 마음에 들었다.

🌸 「새 운동화」를 읽고 물음에 답해 보세요.

🎈 가은이와 어머니가 신발 가게에 간 까닭은 무엇인가요?

```

```

🎈 가은이가 학교 운동장에서 친구들과 함께 한 것은 무엇인가요?

```

```

🎈 파란색으로 쓴 부분에 나타난 가은이의 생각이나 느낌을 말해 보세요.

```

```

◉ 「새 운동화」의 내용을 떠올리며 가은이와 어머니의 대화를 보고 물음에 답해 보세요.

◉ 「새 운동화」에서 가은이의 생각이나 느낌이 잘 드러난 부분을 찾아보세요.

어머니는 가은이의 글을 읽고 어떤 점이 좋다고 하셨는지 두 가지를 찾아 쓰세요.

어머니와 가은이의 대화를 자세히 살펴보세요.
"어떤 점이 좋았어요?"라는 가은이의 물음에 어머니가 대답한 내용은 무엇인지 정리해 보세요.

가은이에게 인상 깊었던 일은 무엇인지 정리해 보세요.

'인상 깊은 일'은 자신이 겪은 일 가운데에서 가장 기억에 남는 일을 말해요. 가은이는 어떤 일이 인상 깊게 남았다고 어머니께 말을 하였는지, 가은이가 한 말을 살펴보세요.

가은이의 선생님이 가은이의 글에서 어떤 부분이 좋다고 하였는지 쓰세요.

"대화 부분이 실감났다!"는 어머니의 말에 가은이는 선생님께서 해 주신 말씀을 전하였습니다. 어머니와 가은이의 대화 중에 선생님 이야기가 나온 부분을 자세히 살펴보세요.

배울 거리 인상 깊었던 일을 글감으로 고르고 쓸 내용 떠올리기

이렇게 배워요

글감이란 글을 쓰는 데 필요한 재료를 말해요. 인상 깊었던 일을 글감으로 고르는 방법과 쓸 내용을 떠올리는 방법이 무엇일지 생각해 보며 가은이가 선생님과 나눈 대화를 읽어 보세요.

선생님과 함께 미리 보는 국어책

가은아, 네가 겪은 일 가운데에서 가장 기억에 남는 일을 떠올려 보렴.

기억에 남는 일? 맞아, 지난 일요일에 어머니께 생신 선물을 드린 적이 있었지?

글을 쓰기 전에 누군가와 대화를 나누면 겪었던 일이 잘 떠올라서 글감에 대해 떠올리기가 쉬워요.

◉ 파란색으로 쓴 글씨에 주의하며 가은이와 영수의 대화를 살펴보세요.

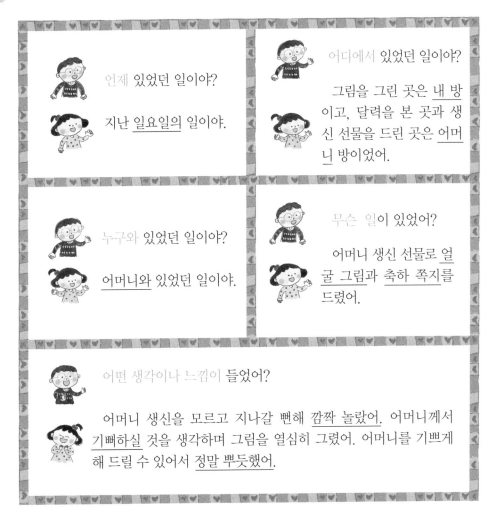

◉ 가은이와 영수처럼 글감에 대해 이야기를 함께 나누면 어떤 점이 좋은지 정리해 보세요.

가은이에게 인상 깊었던 일이 무엇인지 생각하며 「어머니 생신 선물」을 읽어 보세요.

선생님과 함께 미리 보는 국어책

어머니 생신 선물

일요일 아침, 어머니 방에 머리 방울을 찾으러 갔다. 머리 방울을 들고 나오다가 달력에 '생일'이라고 쓰여 있고 동그라미가 표시된 것을 보았다.

"누구 생일이지?"

하고 생각하다가 깜짝 놀랐다. 어머니 생신이었다.

'무슨 선물을 드리지?'

하고 생각하다가 어머니 얼굴을 정성껏 그려 드리기로 했다. 얼굴 그림을 그
리는 것이 어려웠다. 하지만 어머니께서 기뻐하실 것을 생각하며 내 방에서
어머니 얼굴 그림을 열심히 그렸다.

점심을 먹고 나서 어머니 얼굴 그림과 "어머니, 생신 축하드려요."라고
쓴 쪽지를 들고 어머니 방에 갔다. 어머니께서는 내 선물을 보시더니,

"가은아, 고마워! 정말 잘 그렸네."

하시며 나를 꼭 껴안아 주셨다.

내 선물이 어머니를 기쁘게 해 드릴 수 있어서 정말 뿌듯하고 기분이 좋았
다. 어머니의 다음 생신 때도 정성이 담긴 선물을 드려야겠다.

가은이가 겪은 일과 비슷한 경험이
있다면 떠올려 보고 그때 나는 어떤 생각이나 느낌이
들었는지 말해 보세요.

누군가의 생일을 축하한 적이 있나요?
선물을 준비했던 기억을 떠올려 보세요. 선물을 받은
사람이 어떤 반응을 보였는지도 이야기해 보세요.

◉ 「어머니 생신 선물」을 읽고 물음에 답해 보세요.

🎈 가은이가 어머니께 생신 선물로 드린 것 두 가지는 무엇인가요?

□

> ① 달력   ② 머리 방울   ③ 축하 쪽지
>
> ④ 어머니 얼굴 그림   ⑤ 정성스럽게 만든 빵

🎈 가은이의 선물을 받은 어머니의 마음을 찾아보세요.

□

> ① 기쁜 마음   ② 슬픈 마음
>
> ③ 부러운 마음   ④ 아쉬운 마음   ⑤ 미안한 마음

🎈 어머니께서 가은이의 선물을 받고 왜 기뻐하셨을까요? 그렇게 생각한 까닭은 무엇인지 써 보세요.

>

🎈 파란색으로 쓴 부분에 나타난 가은이의 생각이나 느낌을 정리해 보세요.

> 내 선물이 어머니를 기쁘게 해 드릴 수 있어서 정말 뿌듯하고 기분이 좋았다. 어머니의 다음 생신 때도 정성이 담긴 선물을 드려야겠다.

⬇

이 부분에 담긴 생각이나 느낌을 써 보세요.

>

● 자신이 겪은 일 가운데에서 가장 인상 깊었던 일을 글감으로 골라 보세요.

기뻤던 일

- 선생님께 칭찬받은 일
- 동생이 태어난 일
- 부모님께 선물 받은 일

슬펐던 일

- 친한 친구가 전학 간 일
- 부모님께 꾸중 들은 일
- 집에서 기르던 강아지가 죽은 일

화났던 일

- 친구가 나를 놀린 일
- 동생이 내 책을 찢은 일
- 우산이 없어 비를 맞은 일

자랑스러웠던 일

- 상장을 탄 일
- 어머니의 일을 도와드린 일
- 1,000조각 퍼즐을 완성한 일

> 인상 깊었던 일을 찾아 글을 써 보세요.
> '기분이 좋았다.' 라고 쓸 경우에는 '골을 넣어서 기분이 좋았다.'
> 라고 좀 더 자세하게 쓰는 것이 좋아요.

내가 겪은 일 중에서 가장 기억에 남는 일을 글감으로 골라 쓸 내용을 정리해 보세요.

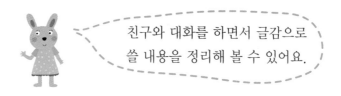

친구와 대화를 하면서 글감으로
쓸 내용을 정리해 볼 수 있어요.

배울 거리 인상 깊었던 일을 떠올리며 겪은 일을 차례대로 정리하기

🌑 이렇게 배워요

글을 쓰기 전에 일어났던 일을 다시 떠올리며 글감을 정리해 보는 것이 좋아요. 가은이가 겪은 일을 어떻게 떠올리며 글을 썼는지 살펴보세요.

🌑 선생님과 함께 미리 보는 국어책

일요일 아침에 어머니 방의 달력에서 어머니 생신 날짜를 보고 깜짝 놀랐어! 그리고 생신 선물을 무엇으로 할지 생각했어.

생신 선물로 어머니 얼굴 그림을 그려 드리기로 했어. 내 방에 와서 얼굴 그림을 그렸는데 정말 힘들었어.

점심을 먹고 나서 어머니께 축하 쪽지와 얼굴 그림을 드렸어. 어머니께서 고맙다고 하시며 꼭 껴안아 주셨지!

내가 어머니를 기쁘게 해 드려 뿌듯했어. 앞으로도 정성이 담긴 선물을 할 거라고 다짐했지.

◉ 문장 부호의 쓰임을 생각하며 「도서관에 처음 간 날」을 읽고 물음에 답해 보세요.

20○○년 9월 17일 일요일   날씨: 맑음

도서관에 처음 간 날

오늘 오전, 어머니와 함께 도서관에 갔습니다. 도서관에는 가족과 함께 온 사람이 많이 있었습니다. 나는 어머니와 함께 어린이 열람실에 들어갔습니다.

나는 처음 와 본 도서관이 신기했습니다. 도서관에는 동화책, 그림책, 위

위인전, 사전 등 매우 많은 책이 있었습니다. 나는 이리저리 책을 찾다가 『순이와 어린 동생』이라는 그림책을 골라 읽었습니다.

'사람이 많은데 정말 조용하구나.'

조용한 데서 읽으니 책이 더 잘 읽히고 재미있었습니다.

한 시간쯤 머물다가 더 읽고 싶은 책을 다섯 권이나 빌려 도서관을 나왔습니다.

"가은아, 도서관에 처음 온 기분이 어떠니?"

"참 좋아요! 또 오고 싶어요. 다음 일요일에 다시 와요."

도서관을 나서는 내 마음은 정말 뿌듯했습니다.

🎈 가은이가 겪은 인상 깊었던 일은 무엇인지 쓰세요.

🎈 가은이의 생각이나 느낌이 잘 드러난 문장을 찾아 쓰세요.

🎈 문장 부호의 이름을 　보기　에서 찾아 쓰세요.

보기	느낌표　마침표　작은따옴표　쉼표　큰따옴표　물음표

문장 부호	이름	쓰임새
.		풀이하는 문장의 끝에서 문장의 마침을 나타낼 때 쓴다.
,		이름이나 물건이 연속해서 나올 때 쓴다.
?		무엇이 궁금해서 물어볼 때 쓴다.
!		어떤 것에 느낌이 강해서 감탄할 때 쓴다.
" "		대화하는 부분에 쓴다.
' '		생각이나 속마음을 나타낼 때 쓴다.

● 인상 깊었던 일을 쓴 글로 책 만들기를 해 보세요.

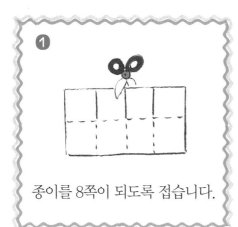

❶ 종이를 8쪽이 되도록 접습니다.

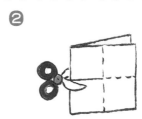

❷ 반으로 접은 뒤 접힌 쪽에서 한 칸만 자릅니다.

❸ 펼친 뒤 가로로 접어 내립니다.

❹ 양쪽 끝을 잡고 안으로 밉니다.

❺ 밀어서 십자 모양을 만듭니다.

❻ 책처럼 접어서 완성합니다.

❼ 종이를 접어서 완성하면 위의 그림처럼 책 모습이 됩니다.

❽ 겉표지에는 제목과 학년, 반, 이름을 적습니다.

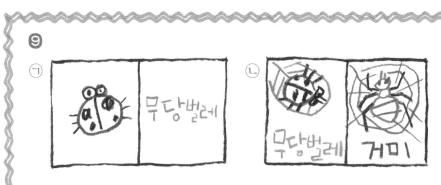

❾ ㉠처럼 그림과 글을 번갈아 꾸며도 되고, ㉡처럼 펼쳐서 윗부분에는 그림을 그리고 아랫부분에는 글을 써서 꾸며도 됩니다.

책을 만들기 위해서는 A4 용지나 B4 용지, 가위가 필요해요. 책 만드는 순서를 확인하고 책을 만들어 보세요.

되돌아보기 생각이나 느낌이 드러나게 인상 깊었던 일을 글로 쓰는 방법에 대해 알기

이렇게 배워요

2단원에서는 인상 깊었던 일을 글감으로 고르고, 인상 깊었던 일을 생각 이나 느낌이 잘 드러나게 글로 쓰는 방법에 대해 배웠어요.

생각이나 느낌이 드러나게 인상 깊었던 일을 글로 쓰기에 알맞은 내용에 색칠해 보세요.

기억에 뚜렷이 남는 일을 글감 으로 정하면 돼.	대화하는 글로 쓰면 생각이나 느 낌이 잘 드러나.

겪은 일을 말로 해 보면 글을 쓸 때 차례가 헷갈리 게 돼.	글을 쓸 때에는 문장 부호를 알 맞게 써야 해.	겪은 일의 차례 를 정해 쓰면 글 의 내용이 딱딱 해져.

배운 내용을 생활 속에서 실천해 보세요.

현장 체험 학습에서 있었던 인상 깊었던 일을 글로 써요.

내가 겪은 일을 친구에게 차 례대로 말해요.

학습 목표 말의 재미를 느끼며 말놀이를 할 수 있어요.

배울 거리 재미있는 말 찾기

💥 이렇게 배워요

'재미있는 말'에 대해 생각을 나누어 보세요. 재민이에게 어떤 일이 일어날지 생각하며 그림을 살펴보세요.

💥 선생님과 함께 미리 보는 국어책

재민아, 안녕! 심심하다고? 나랑 문제 풀기 게임을 할까? '재미나라' 에 놀러 와. 재미있는 말놀이를 하면서 재미나라에 함께 갈 친구가 누구일지 알아맞혀 봐.

● '지'로 끝나는 여러 가지 낱말을 떠올리며 같은 글자로 끝나는 낱말 말하기 놀이를 해 보세요.

가지　강아지　바지　도라지

'가지, 강아지, 바지, 도라지'는 모두 '지'로 끝나는
낱말이에요. 빈칸에 '지'로 끝나는 낱말을 찾아 써 보세요.
가락지, 골판지, 깍지, 꽁지, 낙지, 낭떠러지, 널빤지, 단무지, 돼지,
두더지, 딱지, 먼지, 미꾸라지, 반지, 소시지, 송아지, 아버지,
엄지, 할아버지, 화장지 등을 찾을 수 있어요.

● 다섯 고개 놀이를 해 보세요.

고개	질문	대답
1	동물인가요?	예.
2	땅 위에서 사나요?	예.
3	다리가 네 개인가요?	예.
4	꼬리가 짧고 꼬불꼬불한 모양인가요?	예.
5	무엇이든지 잘 먹나요?	예.
	(돼지)입니다.	예, 맞습니다.

배울 거리 흉내 내는 말을 넣어 짧은 글 쓰기

☀ **이렇게 배워요**

사람이나 사물의 소리나 모습을 나타낸 재미있는 말을 흉내 내는 말이라
고 해요. 흉내 내는 말을 넣어 글을 쓰면 있었던 일을 더 재미있고 실감
나게 쓸 수 있어요. 그림에 어울리는 흉내 내는 말을 알아보세요.

짹짹

털썩 / 그렁그렁

깡충깡충

풍덩

◉ 그림을 보고 보기 와 같이 흉내 내는 말을 넣어 짧은 글을 써 보세요.

보기 옛날 옛적, 바람이 **산들산들** 부는 어느 날에 나무꾼이 연못가에서 나무를 베고 있었습니다.

나무꾼의 도끼가 연못 속으로

☐ 빠지고 말았습니다.

나무꾼은 털썩 주저앉아

_____

_____

나무꾼이 우는 모습을 보고

_____

_____

_____

배울 거리   말의 재미를 느끼며 수수께끼 놀이 하기

이렇게 배워요

수수께끼란 어떤 사물에 대하여 바로 말하지 아니하고 빗대어 말하여 알아맞히는 놀이를 말해요. 학용품과 관련된 재미있는 수수께끼를 풀어 보세요.

선생님과 함께 미리 보는 국어책

일을 하면 할수록 키가 작아지는 것은?	연필 / 지우개
여러 장의 종이를 단짝 친구로 만들어 주는 것은?	풀
콧구멍에 손을 넣어 움직이면 다리로 일 하는 것은?	가위

수수께끼를 만드는 방법을
배워 보세요. 주변에서 볼 수 있는 것으로
수수께끼를 만들어 보세요.

◉ 수수께끼를 만드는 여러 가지 방법을 알아보세요.

이름을 이용하는 방법

보기

말은 말인데 타지 못하는 말은?

방울은 방울인데
소리 나지 않는 방울은?

◉ 이름을 이용하는 방법을 통해서 말의 재미를 느끼며 나만의 수수께끼를 만들어 보세요.

'말'과 '양말'의 같은 점은 '말'이라는 글자가 들어가는 거예요. 다른 점은 '말'은 탈 수 있지만 '양말'은 탈 수 없다는 것이죠. '방울'과 '솔방울'도 '방울'이라는 글자가 들어가지만 '방울'은 소리가 나고 '솔방울'은 소리가 나지 않아요.

특징을 이용하는 방법

보기

닦으면 닦을수록 더러워지는 것은?

먹으면 먹을수록
많아지는 것은?

🌼 특징을 이용하는 방법을 통해서 말의 재미를 느끼며 나만의 수수께끼를 만들어 보
세요.

걸레는 닦으면 닦을수록 더러워지는 특징이 있어요.
나이가 많아지는 것을 다른 말로 '나이를 먹는다' 라고 표현해요.
그래서 '먹으면 먹을수록 많아지는 것은? (나이)'
라는 수수께끼를 만들 수 있었어요.

서로 다른 점을 생각해 만드는 방법

보기

여름에는 일하고
겨울에는 쉬는 것은?

낮에는 올라가고
밤에는 내려오는 것은?

서로 다른 점을 생각해 만드는 방법을 통해서 말의 재미를 느끼며 나만의 수수께끼를 만들어 보세요.

여름에 일하는 개미와 여름에 쉬고 있는 사람의 다른 점을
이용해서 수수께끼를 만들 수 있어요. '달'은 밤에 올라가고
낮에 내려오고, 이불은 낮에는 개어서 서랍장 위로 올라가고,
밤에 잘 때는 서랍장 아래로 내려와요.

그림을 보고 흉내 내는 말을 넣어 보기 와 같이 짧은 글을 써 보세요.

보기

- 나는 할머니의 어깨를 꾹꾹 눌렀습니다.
- 지수가 할머니의 어깨를 토닥토닥 안마해 드렸습니다.

_____

_____

_____

_____

_____

_____

_____

_____

● 수수께끼를 풀어 보세요.

낮에는 눈을 꼭 감고, 밤에만 초롱초롱 눈을 뜨는 것은?

손 없이 나무를 흔드는 것은?

세상에서 가장 빠른 개는?

계절에 상관없이 항상 피는 꽃은?

불은 불인데 뜨겁지 않은 불은?

항상 집을 등에 지고 다니는 것은?

◉ 수수께끼 놀이를 해 보세요.

놀이방법

❶ 종이를 네 조각으로 자릅니다.

❷ 자른 종이쪽지에 자신이 만든 수수께끼를 씁니다.

❸ 한쪽 모서리에 작은 글씨로 답을 씁니다.

❹ 종이쪽지를 두 번 접어
수수께끼 주머니에 넣습니다.

❺ 가위바위보를 해 이긴 사람이 종이쪽지를 뽑아 수수께끼
를 내고 다른 사람들은 답을 알아맞힙니다. 그 수수께끼
를 만든 사람은 답을 알아맞히지 않습니다.

배울 거리　말의 재미를 느끼며 다섯 고개 놀이 하기

이렇게 배워요

다섯 고개 놀이는 한 친구가 마음속에 정한 것을 다른 친구들이 다섯 개의 질문을 하고 그 답에 따라 처음 정한 것을 알아맞히는 놀이예요. 말의 재미를 느끼며 다섯 고개 놀이를 해 보세요.

 선생님과 함께 미리 보는 국어책

◉ 다섯 고개 놀이를 하는 모습을 살펴보세요.

놀이방법

❶ 한 친구가 마음속에 어떤 것을 정합니다.

❷ 다른 친구들은 다섯 가지 질문을 할 수 있습니다.

❸ 다섯 가지 질문을 하면서 친구가 마음속에 정한 것을 알아 맞힙니다.

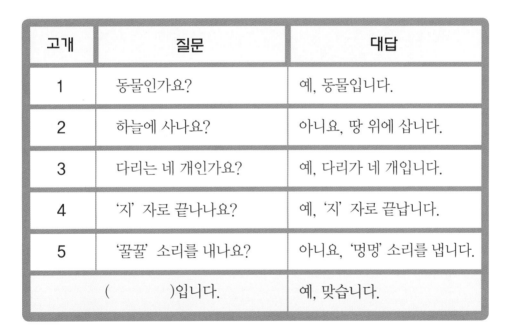

고개	질문	대답
1	동물인가요?	예, 동물입니다.
2	하늘에 사나요?	아니요, 땅 위에 삽니다.
3	다리는 네 개인가요?	예, 다리가 네 개입니다.
4	'지' 자로 끝나나요?	예, '지' 자로 끝납니다.
5	'꿀꿀' 소리를 내나요?	아니요, '멍멍' 소리를 냅니다.
( )입니다.		예, 맞습니다.

다섯 고개 놀이에서 대답을 할 때에는 질문의 내용이 맞으면 '예', 틀리면 '아니요'라고 말해야 해요. 또 질문할 때에는 사물의 특징에 관련된 것만 물어보아야 해요.

◉ 다음 그림을 보고 질문에 알맞은 대답을 써 보세요.

고개	질문	대답
1	식물인가요?	아니요, (동물)입니다.
2	물에서 사나요?	(아니요, 땅에서 삽니다.)
3	꼬리가 긴가요?	(아니요, 꼬리가 짧습니다.)
4	귀가 긴가요?	(예, 귀가 깁니다.)
5	어떻게 움직이나요?	깡충깡충 뛰어다닙니다.

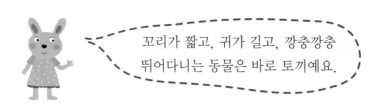

꼬리가 짧고, 귀가 길고, 깡충깡충
뛰어다니는 동물은 바로 토끼예요.

● 다음 그림을 보고 대답에 알맞은 질문을 써 보세요.

고개	질문	대답
1	동물인가요?	아니요, 식물입니다.
2	(꽃인가요?)	예, 꽃입니다.
3	(가시가 있나요?)	예, 가시가 있습니다.
4	(어떤 색깔인가요?)	여러 가지 색깔입니다.
5	이름은 몇 글자인가요?	두 글자입니다.

가시가 있고 여러 가지 색깔을 가진
두 글자로 된 식물은 바로 장미예요.

실천 학습

 여러 가지 말놀이를 해 보세요.

말놀이 잔치를 하는 방법

❶ 모둠 친구들과 가위바위보를 해 이긴 사람이 고른 말놀이
를 합니다.

❷ 자신의 차례가 되어 5초 정도 말하지 못하면 다음 사람이
차례를 이어 갑니다.

❸ 말놀이가 끝나면 다시 가위바위보를 해 이긴 사람이 다음
말놀이를 선택합니다.

◉ 친구들과 재미있게 말놀이한 경험을 떠올리며 보기 와 같이 흉내 내는 말을 넣
어 짧은 글을 써 보세요.

보기

수수께끼 놀이를 할 때 영수가 문제를 잘못 내어 친구들이 깔깔깔 웃었다.

되돌아보기 친구들과 수수께끼 놀이를 해 보기

이렇게 배워요

3단원에서는 재미있는 말을 찾고 흉내 내는 말을 넣어서 짧은 글을 쓰는 방법과 수수께끼 놀이, 다섯 고개 놀이 등 여러 가지 말놀이를 하는 방법에 대해 배웠어요. 친구들과 함께 여러 가지 말놀이를 해 보세요.

친구들과 수수께끼 놀이를 해 보세요.

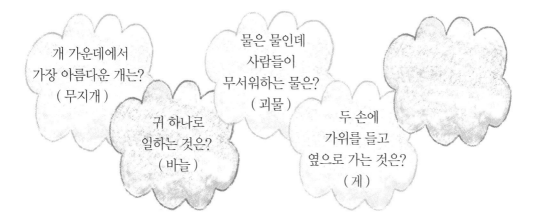

개 가운데에서 가장 아름다운 개는?
(무지개)

귀 하나로 일하는 것은?
(바늘)

물은 물인데 사람들이 무서워하는 물은?
(괴물)

두 손에 가위를 들고 옆으로 가는 것은?
(게)

배운 내용을 생활 속에서 실천해 보세요.

흉내 내는 말을 떠올려 보고 흉내 내는 말을 넣어 경험했던 일을 써 보세요.

주변에서 볼 수 있는 것으로 수수께끼를 만들어 보세요.

친구들과 다섯 고개 놀이를 해 보세요.

학습 목표 글을 읽고 인물의 마음을 짐작해 자신의 생각을 쓸 수 있어요.

배울 거리 글에 나오는 인물의 마음 알기

이렇게 읽어요

글에 나오는 인물은 어떤 생각이나 느낌을 가지고 있을지 인물의 마음을 생각하며 글을 읽어 보세요. 그림에 나타난 인물의 표정을 살펴보며 「빨간 부채 파란 부채」를 읽어 보세요.

선생님과 함께 재미있게 읽어 보는 이야기

빨간 부채 파란 부채

옛날 옛날, 어느 마을에 무척이나 게으른 부부가 살고 있었어요. 어느 날 한 스님이 게으른 부부의 집을 지나게 되었어요. 스님은 대문 앞에 서서 이렇게 말했어요.

"덥고 지쳐서 그러는데 물 한 잔만 얻어 마실 수 있을까요?"

　그러자 게으른 아내와 남편은 짜증이 났어요. 남편은 대문을 향해 소리쳤어요.

　"아유, 귀찮아. 갑자기 무슨 물을 달라는 거요? 옆집에 가 보시오."

　그날 저녁, 하루 종일 누워 있다가 겨우 일어난 게으른 부부는 문밖을 나서다가 대문 앞에서 부채 두 개를 발견했어요. 그건 빨간 부채와 파란 부채였어요.

　남편은 무척 궁금해졌어요.

　"어? 이게 어디서 난 거지? 누가 부채를 두고 간 거야?"

　아내가 대답했어요.

　"아! 맞다. 아까 스님이 왔었잖아요. 그 스님이 너무 더워서 흘리고 간 거 아닐까요?"

　남편은 고개를 끄덕이며 말했어요.

　"그런가 보구려. 찾으러 오겠지, 뭐."

◉ 「빨간 부채 파란 부채」에 나오는 인물의 표정을 따라해 보세요.

◉ 「빨간 부채 파란 부채」에 나오는 인물의 상황을 생각하며 인물과 같은 마음이 들었던 경험을 이야기해 보세요.

배울 거리 글에 나오는 인물의 마음을 짐작하는 방법 알기

이렇게 읽어요

인물의 마음을 생각하며 글을 읽고, 글에 나오는 인물의 마음을 짐작하는 방법에 대해 알아보세요.

선생님과 함께 재미있게 읽어 보는 이야기

「빨간 부채 파란 부채」 중간 부분

그러나 며칠이 지나도 스님은 오지 않았어요. 그러던 어느 날, 무더운 여름 날씨에 땀을 뻘뻘 흘리던 부부는 얼마 전 대문 앞에서 주웠던 부채를 떠올렸어요.

"아이고, 더워! 너무 덥네. 귀찮지만 그때 주웠던 부채로 부채질이라도 해야겠구려."

"맞아요. 부채 가지고 올게요."

남편은 빨간 부채를 들고, 아내는 파란 부채를 들고 부채질을 하기 시작했어요. 그런데 이게 웬일일까요? 갑자기 이상한 일이 벌어졌어요.

빨간 부채로 부채질을 하던 남편의 코가 점점 길어지는 것이었어요. 반면에 파란 부채로 부채질을 하던 아내의 코는 점점 작아졌어요.

"어이구머니나, 어머! 어쩌면 좋아. 내 코! 내 코가 작아졌어요!"

"어휴, 이게 웬일이람. 내 코는 엄청 길어졌구려."

남편과 아내는 자신의 코를 만져 보며 놀라 어쩔 줄 몰라 했어요.

"나는 코가 길어졌고, 당신은 짧아졌으니 어디 부채를 바꿔서 부쳐 보구려."

"네, 얼른 해 봐요."

남편의 제안대로 아내와 남편은 서로 부채를 바꾸어서 부채질을 하기 시작했어요. 그랬더니 코가 원래대로 돌아왔어요.

"아, 다행이다. 정말 놀랐어요. 코가 없어지는 줄 알고."

"그러게 말이야. 나도 깜짝 놀랐지. 이제 다시 돌아와서 다행이네."

"그나저나 이게 보통 부채가 아니네요."

"그렇지. 이건 요술 부채야, 요술 부채."

🌼 「빨간 부채 파란 부채」 중간 부분을 읽고 물음에 답해 보세요.

🎈 빨간 부채와 파란 부채는 어떤 기능을 가지고 있나요?

🎈 처음 부채질을 하고 난 후 남편과 아내의 마음은 어땠을까요?

🎈 아내와 남편이 서로의 부채를 바꾸어서 부채질을 하고 난 후 남편과 아내의 마음은 어땠을까요?

「빨간 부채 파란 부채」에 나오는 인물의 마음을 짐작한 뒤에 알맞은 표현을 찾아 선으로 이어 보세요.

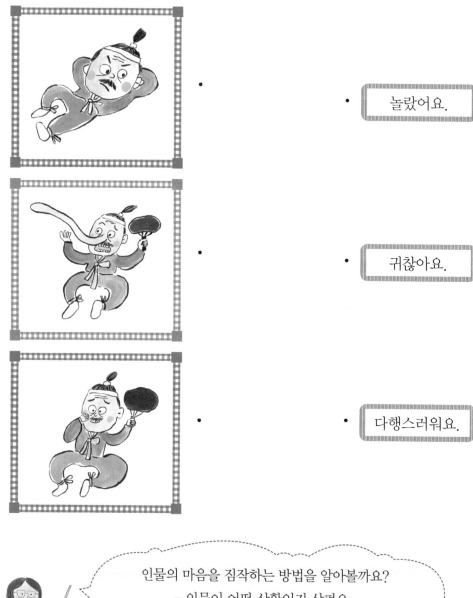

놀랐어요.

귀찮아요.

다행스러워요.

인물의 마음을 짐작하는 방법을 알아볼까요?
– 인물이 어떤 상황인지 살펴요.
– 인물의 마음이 드러나는 표현을 찾아보세요.
– 그림에 나타난 인물의 표정과 모습을 살펴보세요.

배울 거리　글에 나오는 인물의 마음을 짐작하는 방법 알기

☀ 이렇게 읽어요

글을 읽고 인물의 마음을 짐작하고 인물에게 하고 싶은 말을 담아 편지를
써 보는 활동을 해 보세요

☀ 선생님과 함께 재미있게 읽어 보는 이야기

「빨간 부채 파란 부채」 뒷부분

　얼마 뒤 마루에 누워 뒹굴뒹굴 귀찮아하던 남편은
갑자기 궁금증이 생겼어요.

　"심심하네. 음, 요술 부채로 부채질이나
한 번 해 볼까? 빨간 부채로 부채질을
계속하면 코가 얼마나 길어지게
될까? 궁금한걸."

남편은 빨간 부채로 부채질을 계속했어요. 그러자 코는 쭉쭉 늘어나 저 멀리 하늘 위로 올라갔어요.

하늘나라에 살고 있던 임금님과 사람들은 갑자기 땅 아래에서 쑥 올라온 남편의 코를 보고 깜짝 놀랐어요.

놀란 임금님은 이렇게 말했어요.

"아니, 이게 도대체 무엇이란 말이야? 이것이 우리가 사는 곳으로 더 들어오지 못하도록 기둥에 꽁꽁 묶어라."

코끝을 기둥에 묶자 남편은 코가 너무 아팠어요.

"앗, 따가워. 아야!"

게으른 남편은 더 이상은 안 되겠다 싶어서 얼른 파란 부채로 부채질을 했어요.

"얼른 파란 부채로 코의 길이를 원래대로 짧아지게 해야겠어."

그런데 이게 웬일일까요?

파란 부채로 부채질을 할수록 코가 짧아지면서 남편의 몸이 붕 떠오르더니 하늘로 올라가는 것이었어요. 코가 하늘나라의 기둥에 꽁꽁 묶이게 되어서 줄어드는 코에 따라 몸이 올라간 거였어요.

게으른 남편의 몸이 계속 하늘 위로 올라가고 있는데 갑자기 코를 묶었던 줄이 '툭' 하고 떨어지고 말았어요.

"으아악!"

결국 남편은 땅으로 곤두박질치며 떨어지고 말았답니다.

💮 「빨간 부채 파란 부채」에 나오는 게으른 남편에게 하고 싶은 말을 써 보세요.

 인물에게 하고 싶은 말을 쓰는 방법을 알아볼까요? 먼저 글에 나타나 인물의 말과 행동을 생각하며 하고 싶은 말을 써 보세요.

 "게으른 남편 분, 아무리 귀찮아도 힘들게 물 한 잔 달라고 부탁하는 스님을 매정하게 돌려보내는 건 잘못된 행동인 것 같아요." 라고 쓸 수 있어요.

"게으른 남편 분이 빨간 부채로 코에 부채질을 했을 때 갑자기 쑥쑥 길어지는 코를 보며 얼마나 놀랐을지 상상이 갑니다." 라고 쓸 수 있어요.

「빨간 부채 파란 부채」를 읽고 인물의 마음을 짐작하며 나오는 인물을 초대해 이야기해 보세요.

❶ 초대하고 싶은 인물을 정합니다.

❷ '스님'을 초대하고 싶으면 '스님' 역할을 할 친구가 교실 앞으로 나와 답변할 준비를 합니다.

❸ 다른 친구들은 초대한 인물에게 하고 싶은 말을 하고 '스님' 역할을 맡은 친구는 답변을 합니다.

저는 오늘 「빨간 부채 파란 부채」에 나오는 스님을 초대했습니다. 물 한 잔을 주지 않았을 때 어떤 마음이 들었나요?

스님의 입장이 되어 대답을 생각해 보세요.

● 마음을 전하고 싶은 주변 사람을 떠올리고, **보기** 와 같이 그 마음을 표현하는
말을 써 보세요.

보기

마음을 전하고 싶은 마음	마음을 표현하는 말	마음을 전하고 싶은 까닭
친구 ○○○	고마워.	내가 다리를 다쳤을 때 내 가방을 들어 주어서

마음을 전하고 싶은 마음	마음을 표현하는 말	마음을 전하고 싶은 까닭
엄마	사랑해요.	늘 저를 보살펴 주시고 맛있는 음식을 해 주셔서
동생 ○○○	미안해.	항상 누나에게 놀아 달라고 하는데, 누나가 학교랑 학원에 다니고 숙제를 하느라 많이 못 놀아줘서

되돌아보기 이 단원에서 배운 내용을 떠올려 보기

이렇게 배워요

4단원에서는 글에 나오는 인물의 마음을 짐작하고 인물에게 하고 싶은 말을 쓰는 방법을 배웠어요. 배운 내용을 떠올려 보세요.

인물의 마음을 알아요.

인물의 마음을 짐작하는 방법을 알아요.

인물의 마음을 짐작할 수 있어요.

인물에게 하고 싶은 말을 쓸 수 있어요.

배운 내용을 생활 속에서 실천해 보세요.

인물의 마음을 생각하며 그림책을 읽어요.

인물에게 하고 싶은 말을 편지로 써요.

주변 친구들의 마음을 생각하며 하고 싶은 말을 쪽지로 써요.

학습 목표   겪은 일을 떠올려 시나 노래로 표현할 수 있어요.

배울 거리   겪은 일을 나타낸 시나 노래 알기

이렇게 읽어요

재미있는 경험이나 기억에 남는 일을 시나 노래로 표현할 수 있어요. 팝콘
을 만들거나 먹었던 기억을 떠올리며 「팝콘」을 읽어 보세요.

선생님과 함께 재미있게 읽어 보는 이야기

팝콘

한영우

『저 풀도 춥겠다』, 보리, 2017.

쪼그만 옥수수 알갱이가

냄비 안에서

탁 타타탁

펑펑 펑펑

유리 뚜껑을 열고

나갈라 한다.

힘도 세지

입안에 들어가니

아삭아삭 사라라

부드러운데

● 「팝콘」을 읽고 물음에 답해 보세요.

🎈 어떤 경험을 표현했나요?

> [빈 칸]

🎈 팝콘이 튀는 모습을 어떻게 표현했나요?

> [빈 칸]

🎈 먹었을 때 부드러운 팝콘의 느낌을 어떤 말로 나타내었나요?

> [빈 칸]

🎈 '힘도 세지' 라고 표현한 까닭은 무엇인지 쓰세요.

> [빈 칸]

🎈 시를 읽고 떠오르는 장면을 그림으로 그려 보세요.

> [빈 칸]

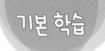

배울 거리   겪은 일을 시나 노래로 표현하는 방법 알기

☀ 이렇게 읽어요

시나 노래 중에는 겪은 일을 표현한 경우가 많아요. 영호는 겪은 일을 시로 표현하기 위해 기억에 남는 일을 떠올렸어요. 겪은 일을 시나 노래로 표현하는 방법을 생각하면서 영호와 수미의 대화를 살펴보세요.

☀ 선생님과 함께 재미있게 읽어 보는 이야기

● 다음은 겪은 일을 영호가 시로 표현한 것입니다. 읽고 물음에 답해 보세요.

민수네 강아지

민수는 좋겠다.

작은 주전자만 한 크기에

하얀 털

동그랗게 꼬리가 말린 강아지가 있어서.

민수는 좋겠다.

집 안에서 현관까지 막 달려 나오고

민수를 보고 멍멍 짖는 강아지가 있어서.

시 전체가 한 덩어리로 연결되어 있어서
내용을 이해하는 게 쉽지 않아요.

◉ 「민수네 강아지」를 읽고 물음에 답해 보세요.

🎈 이 시는 무엇을 글감으로 했나요?

🎈 이 시에서 생각이나 느낌을 나타낸 부분을 찾아보세요.

🎈 시에 나타나지 않은 것은 어느 것인가요?

① 강아지의 생김새　② 민수를 본 강아지의 행동
③ 민수에 대한 영호의 생각　④ 강아지를 본 영호의 생각
⑤ 민수가 부르는 강아지의 이름

🎈 영호가 본 강아지의 모습을 써 보세요.

생각이나 느낌이 잘 드러나도록 시를 고쳐 쓰는 방법

생각하거나 느낀 것을 솔직하게 표현합니다.

시로 표현하려는 일에 대한 자신의 생각을
가장 잘 나타낼 수 있는 말을 찾아봅니다.

● 영호는 「민수네 강아지」를 고쳐 썼습니다. 고쳐 쓴 시 「강아지」를 읽어 보세요.

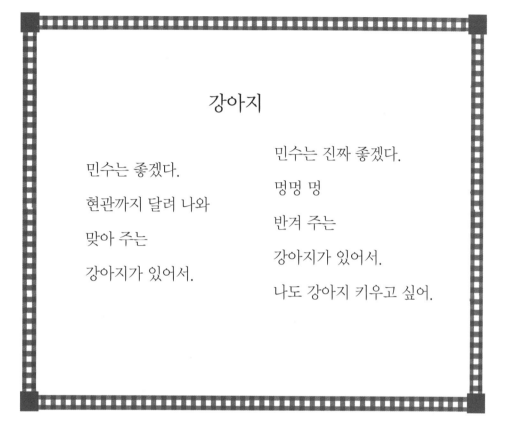

● 어느 부분이 달라졌는지 비교해 보고, 빈칸을 채워 보세요.

● 문장을 보기 와 같이 바꾸어 쓰세요.

보기

하늘이 파랗다. ➜ 파란 하늘

꽃이 예쁘다. ➜ 예쁜 꽃

새가 노래한다. ➜

비가 주룩주룩 내린다. ➜

아기가 방글방글 웃는다. ➜

빨간 자동차가 씽씽 달린다. ➜

● 다음 글을 보기 와 같이 시로 표현해 보세요.

보기

흰 구름이 뭉게뭉게 피어납니다. 마치 줄을 지어 소풍을 가는 것 같습니다.	뭉게뭉게 피어나는 흰 구름 줄지어 소풍을 가나 봐요.

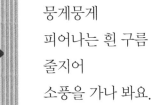

오늘, 어머니께서 홍시를 사 오셨다. 나는 간식으로 빨간색 홍시를 먹었다. 너무 맛있었다.	어머니께서 사 오신 홍시 빨간 홍시 맛난 홍시

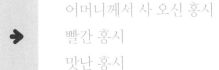

나는 발표를 할 때마다 가슴이 두근거린다. 손을 들까 말까 망설이다 보면 벌써 다른 친구가 답을 말해 버린다. 나도 아는 문제인데 참 아깝다.	

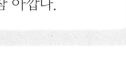

긴 문장 대신 줄을 나누어서 표현해 봐요.

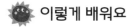 자신이 겪은 일을 시나 노래로 표현하기

🌑 이렇게 배워요

자신이 겪은 일에서 글감을 찾고 생각이나 느낌을 더해 나만의 시나 노래를 만들 수 있어요. 다음 그림을 보며 자신이 겪은 일 가운데에서 기억에 남는 일을 떠올려 보세요.

🌑 선생님과 함께 재미있게 읽어 보는 이야기

운동회

체험 학습

가족 외식

◉ 그림으로 나타낸 기억을 글로 정리해 보세요.

물음	대답
언제 있었던 일인가요?	어제/ 지난 일요일/ 내 생일날
어디에서 있었던 일인가요?	동네 놀이터에서/ 놀이공원에서/ 부엌에서
누구와 함께한 일인가요?	친구와/ 가족과/ 사촌들과
어떤 일이 있었나요?	자전거를 타고 놀았다./ 잠자리를 잡았다./ 볶음밥을 만들었다.
그 일에 대한 생각이나 느낌을 써 보세요.	재미있었다./ 잠자리에게 미안했다./ 즐겁고 신났다.

겪은 일 떠올리기

떠올린 경험 가운데에서 한 가지 정하기

그 일에 대해 자세히 생각하기

시나 노래로 표현하기

시나 노래를 친구들에게 발표할 때 어떤 방법으로 발표하면 좋을지 생각해 보세요.

 친구들 앞에서 시 낭송하기

 쓴 시를 교실에 붙이고 시에 대해 묻고 답하기

 아는 노래의 노랫말을 자신이 쓴 시로 바꾸어 부르기

그 외에도 손, 발, 악기 등으로 박자를 맞추며 노래로 표현하기, 랩으로 표현하기, 뮤지컬로 표현하기, 시 속의 인물로 분장하고 낭송하기, 걸어 다니며 낭송하기, 역할을 나누어 낭송하기, 시의 내용을 나타내는 몸짓과 함께 낭송하기 등의 여러 가지 방법이 있어요.

되돌아보기　겪은 일을 시로 표현하는 방법으로 알맞은 것에 ○표 해 보기

☀ **이렇게 배워요**

5단원에서는 겪은 일을 나타낸 시나 노래 읽기, 겪은 일을 시나 노래로 표현하는 방법 알기, 겪은 일을 떠올려 시나 노래로 표현하기를 배웠어요. 배운 내용을 떠올려 보세요.

자세히
표현하기 위해
겪은 일을 하나도
빠짐없이 다 쓴다.
(　)

겪은 일에 대한
생각이나 느낌이
잘 드러나도록
꾸밈없이 쓴다.
(　)

겪은 일에 대한
생각이나 느낌은
쓰지 않는다.
(　)

긴 문장 대신
줄을 나누어 쓴다.
(　)

소리 내어
읽을 때 노래하듯이
읽을 수 있도록
쓴다. (　)

◉ 배운 내용을 생활 속에서 실천해 보세요.

학습 목표 주변 사람을 소개하는 글을 쓸 수 있어요.

배울 거리 소개해 본 경험 나누기

★ 이렇게 배워요

다른 사람에게 자신이나 누군가를 소개해 본 경험을 떠올리고 소개해 본 경험을 말해 보세요.

★ 선생님과 함께 미리 보는 국어책

◉ 소개해 본 경험을 떠올려 보세요. 누구에게 누구를 소개했고, 어떤 내용을 소개했나요?

그림을 보고 인물과 그 특징을 선으로 이어 보세요.

피노키오

• 욕심 많고 심술궂다.
• 제비 다리를 부러뜨렸다.

놀부

• 꼭두각시 인형이다.
• 거짓말을 하면 코가 길어진다.

인어 공주

• 바다에 산다.
• 다리가 없고 물고기처럼 지느러미가 있다.

그동안 읽었던 책에 나오는 인물 가운데에서 떠오르는 인물을 말해 보고 그 인물의 생김새와 특징, 성격 등에 대해 소개하는 말을 해 보세요.

배울 거리 사람을 소개하는 글을 쓰는 방법 알기

이렇게 배워요

다른 사람을 소개하는 글을 써 본 적이 있나요? 사람을 소개하는 글을 쓰는 방법에 대해 생각해 보며 서준이와 아빠의 대화를 읽어 보세요.

선생님과 함께 미리 보는 국어책

◉ 서준이가 아버지께 새로 바뀐 짝을 어떻게 소개했는지 정리하여 보세요.

이름과 성별	정하윤, 여자	모습	키가 크고 눈썹이 진하다.
좋아하는 것	종이접기	잘하는 것	달리기

◉ 자신이 서준이처럼 친구를 소개한다면 어떤 내용을 말할지 친구들과 이야기해 보세요.

친구의 이름과 성별을 소개해야 할 것 같아.

소개받을 친구가 이미 알고 있는 내용은 소개하지 않는 것이 좋겠지.

친구가 좋아하는 것을 소개하면 좋겠지.

친구의 취미나 장래 희망을 소개해도 좋을 것 같아.

● 다음 글 (가)와 (나)를 읽고 물음에 답해 보세요.

(가)

이번 달의 제 짝은 남자아이입니다. 어제 저와 함께 줄넘기를 하고 놀았습니다. 줄넘기를 하면 몸이 튼튼해져서 좋습니다. 제 친구는 매일 아침 운동장에서 달리기를 합니다. 제 짝은 잘하는 것이 많습니다.

(나)

이번에 새로 제 짝이 된 친구는 정하윤이고 여자아이입니다. 하윤이는 키가 크고 눈썹이 진합니다. 하윤이는 종이접기를 좋아해서 색종이를 항상 가지고 다닙니다. 하윤이는 달리기를 잘합니다. 우리 반 여학생들 가운데에서 가장 빠릅니다.

🎈 하윤이와 서준이가 학급 게시판에 쓴 글입니다. 빈칸에 들어갈 낱말을 쓰세요.

하윤이와 서준이는 짝을 (   )하는 글을 썼습니다.

🎈 (가)와 (나) 중 소개하는 내용이 잘 드러나게 쓴 글은 어느 것인지 쓰세요.

글 (나)를 읽고 사람을 소개하는 글을 어떻게 썼는지 자세히 살펴보고, 빈칸에 들어갈 내용을 보기 에서 찾아서 써 보세요.

보기	이름과 성별	잘하는 것	좋아하는 것	모습

이번에 새로 제 짝이 된 친구는 정하윤이고 여자아이입니다.

소개할 사람의
(이름과 성별)

하윤이는 키가 크고 눈썹이 진합니다.

소개할 사람의
(모습)

하윤이는 종이접기를 좋아해서 색종이를 항상 가지고 다닙니다.

소개할 사람이
(좋아하는 것)

하윤이는 달리기를 잘합니다. 우리 반 여학생들 가운데에서 가장 빠릅니다.

소개할 사람이
(잘하는 것)

사람을 소개하는 말이나 글을 쓸 때에는 소개받는 사람이 궁금해할 내용을 골라서 소개해야 해요.

배울 거리   소개할 사람을 정해 말놀이하기

 이렇게 배워요

사람을 소개하는 글을 쓰기 전에 소개할 사람을 정해 말놀이를 할 수 있어
요. '누구일까요?' 놀이 방법을 알아보세요.

놀이방법

❶ 소개할 사람을 마음속으로 정합니다.

❷ 소개할 사람의 특징을 다섯 문장으로 만듭니다.

❸ 만든 문장으로 소개할 사람의 특징을 설명합니다.

❹ 듣는 사람은 다섯 문장을 들으며 누구를 소개하는지 알아
  맞힙니다.

 다음 그림을 보고 **보기** 에서 알맞은 낱말을 골라 '누구일까요?' 놀이에 알맞게
소개하는 문장을 만들어 보세요.

보기	동생 마음씨 허름한 옷 제비

1	남자입니다.
2	낡고 ( )을/를 입고 있습니다.
3	( )이/가 착하고 부지런합니다.
4	( )의 다리를 치료해 주었습니다
5	놀부의 ( )입니다.

◉ 우리 반 가운데에서 소개하고 싶은 사람을 한 명 정해 보세요.

내가 우리 반에서 소개하고 싶은 친구의 이름은 (　　　　　　　　)입니다.

◉ 소개하고 싶은 친구를 소개하는 문장을 만들어 보세요.

소개하는 사람의 특징이 자세하게
드러나도록 설명해야 해요.

◉ 사람을 소개할 때 무엇에 대해 소개하는 내용인지 생각하며 빈칸에 알맞은 말을
보기 에서 찾아 쓰세요.

보기

모습   잘하는 것   좋아하는 것

• 노래를 잘한다.	• 동물을 좋아한다.	• 키가 크다.
• 줄넘기를 잘한다.	• 노란색을 좋아한다.	• 곱슬머리이다.
• 그림을 잘 그린다.	• 공놀이를 좋아한다.	• 쌍꺼풀이 진하다.

소개를 받는 사람이 궁금해하는
내용이 무엇일지 생각해 보세요.

소개할 사람의 이름을 말하고
칭찬하는 내용을 쓸 수 있어요.

소개할 사람과 함께한 일을 말할 수 있고,
성격, 장래희망도 소개할 수 있어요.

배울 거리 글자와 다르게 소리 나는 낱말에 주의하며 소개하는 글 쓰기

이렇게 배워요

글자와 다르게 소리가 나는 낱말이 있어요. 문장을 소리 내어 읽어 보고
보기 와 같이 글자와 다르게 소리 나는 낱말을 찾아보세요.

선생님과 함께 미리 보는 국어책

여름에 바다로 여행을 떠나요.

친구와 함께 집으로 가요.

의자에 바르게 앉아 말해요.

● 동생을 소개하는 글인 「내 동생」을 읽고 물음에 답해 보세요.

내 동생

제 동생은 이수빈이고 여자아이입니다. 나이는 일곱 살입니다. 눈이 크고 동그랗습니다. 수빈이는 요리하는 것을 좋아해 엄마께서 요리하실 때 여페서 마니 도와 드립니다.

그리고 수빈이는 그리믈 잘 그립니다. 혼자서 책상 앞에 안자 그림을 척척 그립니다. 그림 그리기 대회에서 여러 번 상을 받았습니다. 나중에 커서 화가가 되는 것이 꿈입니다.

🎈 다음 중 「내 동생」에서 소개한 내용을 모두 찾아 ○표 하세요.

성별   나이   키   모습   싫어하는 것
잘하는 것   이름   장래희망   좋아하는 것   학교 이름

🎈 파란색으로 쓴 글자에 주의하며 이 글에서 파란색으로 쓴 글자를 바르게 고쳐 써 보세요.

여페서 ➡   마니 ➡

그리믈 ➡   안자 ➡

◉ 소개하는 글을 쓰기 위한 계획을 세워 보세요.

소개할 사람의 이름과 성별	
소개할 사람의 모습	
좋아하는 것	
잘하는 것	
장래희망	

● 소개하는 글을 쓸 때 주의할 점을 알아보세요.

소개하는 내용을
자세하게 써야지.

맞춤법에 맞게
정확하게 써야 해.

● 소개하는 글을 써 보세요.

소개하는 사람의 특징이 잘 드러
나도록 써요. 그리고 낱말을 맞춤법에
맞게 써야 정확하게 소개할 수 있어요.

● 인물을 소개하는 신문을 만드는 방법을 알아보세요.

인물을 소개하는 신문 만드는 방법

❶ 모둠별로 인물을 소개하는 신문의 제목을 정합니다.
❷ 각자 기억에 남는 이야기 속 인물을 한 명 정합니다.
❸ 인물을 소개하는 내용을 정합니다.

- 인물의 이름과 책 제목
- 인물이 좋아하거나 잘하는 것
- 인물이 한 일
- 더 소개하고 싶은 내용

❹ 인물을 소개하는 글을 씁니다.
❺ 그림을 그리고 색칠을 해 보기 좋게 꾸밉니다.

다섯 고개 놀이처럼
퀴즈를 만들어 볼까?

인물이 한 일을
만화로 그리면 좋겠어.

친구들과 이야기를 나눠 보면서 인물을 소개
할 때 어떤 방법으로 소개할지 정해 보세요. 퀴즈,
만화, 인터뷰 형식 등 다양한 방법이 있어요.

● 인물을 소개하는 신문에 들어갈 내용을 정리해 보세요.

인물의 이름	
책 제목	
모습	
좋아하거나 잘하는 것	
더 소개하고 싶은 내용	

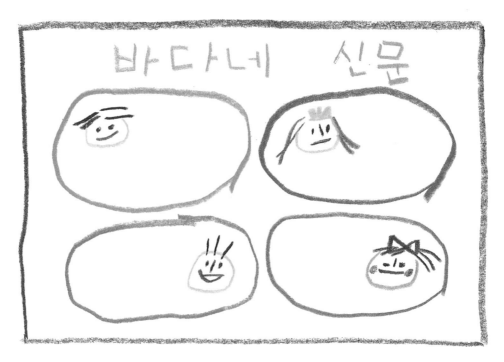

되돌아보기 소개하는 글을 써 보기

이렇게 배워요

6단원에서는 사람을 소개하는 글을 쓰는 방법과 소개할 사람을 정해 말놀이하기, 글자와 다르게 소리 나는 낱말에 주의하며 소개하는 글 쓰기, 인물을 소개하는 신문 만들기에 대해 배웠어요. 배운 내용을 떠올려 보세요.

소개하는 글을 쓰는 방법으로 알맞은 것에 ○표를 해 보세요.

읽는 사람이 궁금해할 만한 내용을 씁니다.
(　　)

누구나 알고 있는 내용을 씁니다.
(　　)

누구에게 쓸 것인지 미리 생각하고 씁니다.
(　　)

소개하는 사람의 특징이 잘 드러나게 씁니다.
(　　)

소개하는 내용을 맞춤법에 맞게 씁니다.
(　　)

학습 목표   인물의 모습을 상상하며 이야기를 듣거나 읽고, 일이 일어난 차례대로 말할 수 있어요.

배울 거리   이야기에 나오는 인물의 모습 상상하기

🌞 이렇게 읽어요

이야기를 읽고 이야기에 나오는 인물의 모습을 상상해 보면 내용을 잘 파악할 수 있어요. 일이 일어난 차례를 생각하며 「소가 된 게으름뱅이」를 읽어 보세요.

🌞 선생님과 함께 재미있게 읽어 보는 이야기

소가 된 게으름뱅이

옛날, 아주 먼 옛날 어느 산골 마을에 돌이라는 소년이 살았어요. 돌이는 하루 종일 일은 하지 않고 먹고 자기만 했어요. 매일매일 먹고 잠만 자니 뚱뚱하고 배만 볼록 나오게 되었어요.

어느 날 어머니가 돌이에게 말했어요.

"그렇게 누워서 뒹굴뒹굴하지 말고 소를 끌고 들로 나가서 풀이라도 먹이고 오렴."

돌이는 "싫어요. 귀찮단 말이에요. 그리고 일하는 건 너무 힘들어요."라고 외치고 계속 누워 있었어요. 화가 난 어머니는 돌이를 일으켜 세우고는 등을 떠밀었어요.

"소에게 풀을 배부르게 먹이지 않고는 집에 들어올 생각도 하지 말아라."

돌이는 투덜거리며 소를 끌고 들로 나갔어요. 돌이는 소를 나무 한곳에 묶어 두고는 벌렁 누워서 혼잣말을 했어요.

"아, 나도 소처럼 매일 풀만 뜯어 먹고 일하지 않고 쉬었으면 좋겠다."

그때 지나가던 한 노인이 돌이에게 말했어요.

"애야, 너 정말 소가 되고 싶니?"

그러자 돌이가 대답했어요.

"그럼요. 매일 일하라는 엄마의 잔소리를 듣지 않아도 되고 졸리면 자고, 배고프면 풀 뜯어 먹고……."

노인이 돌이에게 탈을 건넸어요.

"이걸 써 보아라."

돌이가 노인에게 받은 탈을 얼굴에 쓴 순간 돌이가 크게 비명을 질렀어요.

"으아아악!"

그 자리에 돌이는 온데간데없고 누런 소 한 마리가 나타났어요.

돌이가 "으악, 내 몸이 왜 이런 거예요?" 라고 울며 소리쳤지만 다른 사람의 귀에는 "음메." 하고 우는 소 울음소리밖에 들리지 않았어요.

노인은 소를 끌고 시장으로 갔어요. 그러고는 한 농부에게 소를 팔았어요. 소를 팔면서 노인은 농부에게 이렇게 당부했어요.

"단 한 가지 주의할 점은 이 소는 무를 먹으면 바로 죽는답니다. 그러니 절대 무를 먹이지 마세요."

● 돌이가 이동한 장소를 써 보세요.

돌이네 집 ➡ 들 ➡ 시장

「소가 된 게으름뱅이」에 나오는 돌이의 생김새를 떠올리며 장소별 모습을 상상하여 그려 보세요.

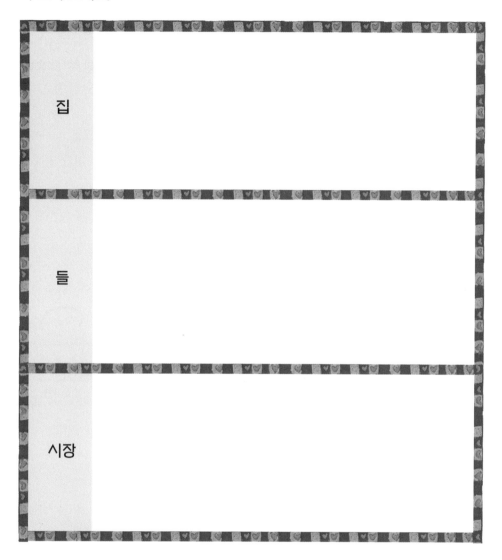

집

들

시장

집 안에서 잠만 자고 게으름을 피우던
돌이는 들에 가서 노인을 만나 탈을 받은 후,
모습이 변해 버렸어요.

배울 거리 인물의 모습을 상상하는 방법 알기

 이렇게 배워요

이야기 속 인물의 특징에 대해 알 수 있는 표현을 찾고 인물의 모습을 상상하는 연습을 해 보세요. 「소가 된 게으름뱅이」에 나오는 돌이의 모습을 상상해 보세요.

이야기를 읽고 인물의 모습을 상상하기 위해서는 먼저, 인물의 말과 행동, 생김새 등을 나타내는 표현을 찾아야 해요. 그리고 그 표현을 찬찬히 생각하며 인물의 모습을 상상해 보세요.

표현 찾기

매일매일 먹고 잠만 자니 뚱뚱하고 배만 볼록 나오게 되었어요.

돌이는 "싫어요. 귀찮단 말이에요. 그리고 일하는 건 너무 힘들어요."라고 외치며 계속 누워 있었어요.

상상하기

배울 거리   이야기를 읽고 일이 일어난 차례에 따라 이야기의 내용 말하기

🌞 이렇게 읽어요

이야기를 읽고 일이 일어난 차례에 따라 이야기의 내용을 정리하여 말하는 연습을 해 보세요. 일이 일어난 차례를 생각하며 「소가 된 게으름뱅이」의 뒷부분을 읽어 보세요.

🌞 선생님과 함께 재미있게 읽어 보는 이야기

「소가 된 게으름뱅이」 뒷부분

"흑흑, 어머니. 보고 싶어요. 제가 잘못했어요."

하지만 아무리 울며 소리쳐도 나오는 소리는 "음메, 음메." 소 울음소리 밖에 들리지 않았어요.

어느 날, 돌이는 밭에서 자란 커다란 무를 발견했어요. 그 무를 보는 순간 무를 먹으면 죽는다는 노인의 말이 떠올랐어요.

"이런 모습으로 이렇게 힘들게 매일매일을 견디는 것보다 차라리 죽는 게 나아."

돌이는 굳은 결심을 하고는 무를 씹어 먹었어요.

그러자 돌이의 모습이 소에서 사람의 모습으로 바뀌었어요.

"우아, 내가 다시 내 모습을 찾았어. 사람이 되었어."

돌이는 무척 기뻐하며 당장 집으로 달려갔어요. 집으로 돌아온 돌이는 예전처럼 게으름을 피우지 않고 성실하게 하루하루를 살았어요.

◉ 일이 일어난 차례에 맞게 번호를 쓰세요.

❶ 노인을 만나 소의 탈을 받아서 쓰게 되었어요.

❷ 본래의 모습으로 돌아온 돌이는 부지런하게 살았답니다.

❸ 매일 울면서 밭을 갈던 돌이는 어느 날 무를 발견하고 씹어 먹었어요.

❹ 매일 잠만 자던 게으름뱅이 돌이는 어머니한테 쫓겨났어요.

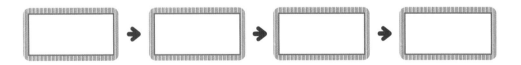

일이 일어난 차례에 따라 인물의 모습 변화를 알아보세요.

「올챙이와 개구리」의 노랫말을 떠올리며 개구리 알이 개구리가 되기까지의 과정에 알맞게 빈칸에 들어갈 말을 써 보세요.

개구리가 알을 낳았어요.

알에서 올챙이가 나왔어요.

올챙이가 점점 자라서 (   )이/가 쑥 나왔어요.

(   )이/가 쑥 나왔어요.

꼬리가 없어지고 팔딱팔딱 뛰어다니는 (   )이/가 되었어요.

💮 좋아하는 이야기의 뒷이야기를 상상해 꾸며 말해 보세요.

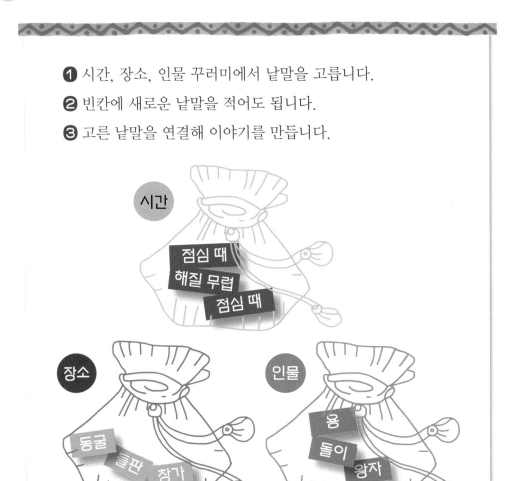

❶ 시간, 장소, 인물 꾸러미에서 낱말을 고릅니다.
❷ 빈칸에 새로운 낱말을 적어도 됩니다.
❸ 고른 낱말을 연결해 이야기를 만듭니다.

시간
점심 때
해질 무렵
점심 때

장소
동굴
들판   창가

인물
용
돌이
왕자

친구들이 꾸민 이야기에서
재미있는 부분을 찾아보세요.

자신이 꾸민 이야기에서 잘된 점과
고칠 점은 무엇인지 생각해 보세요.

되돌아보기 일이 일어난 차례를 생각하기

이렇게 배워요

7단원에서는 이야기에 나오는 인물의 모습 상상하기, 이야기를 읽고 일어난 차례에 따라 이야기 내용을 말하는 방법에 대해 배웠어요. 배운 내용을 떠올려 보세요.

일이 일어난 차례에 맞게 ☐ 안에 번호를 써 보세요.

☐	어느 날, 할아버지가 참새가 안내하는 곳의 샘물을 마시니 젊은 청년으로 변했습니다.
☐	이 소문을 들은 욕심쟁이 할아버지는 샘으로 달려가 샘물을 아주 많이 마셔서 아기가 되었습니다.
☐	옛날, 어느 깊은 산속에 자녀가 없는 노부부가 살고 있었습니다.

배운 내용을 생활 속에서 실천해 보세요.

인물의 모습과 행동을 상상하며 이야기를 읽을 수 있어요.

일이 일어난 차례에 따라 이야기를 말할 수 있어요.

인물의 모습을 상상하고 인물의 표정과 몸짓을 흉내 낼 수 있어요.

학습 목표 바른 말을 알고 바른 말로 대화할 수 있어요.

배울 거리 바른 말을 사용하면 좋은 점 알기

이렇게 배워요

바른 말을 사용하지 않고 함부로 말하거나 잘못된 표현을 사용한다면 어떤 일이 일어날지 생각해 보고 바른 말을 사용할 때의 좋은 점을 알아보세요.

선생님과 함께 미리 보는 국어책

◉ 만화의 내용을 떠올리며 물음에 답해 보세요.

🎈 장페이가 민수의 말에 당황한 까닭은 무엇인가요?

🎈 '틀리다' 와 '다르다' 는 어떤 차이가 있을까요?

　　'틀리다' 는 계산이나 사실에 맞지 않을 때, '다르다' 는 어떤 점이 서
로 같지 않을 때 사용해요.

◉ 알맞은 낱말을 골라 문장을 완성해 보세요.

나와 형은 생김새가 조금 (　다르다,　틀리다　).

가끔 일기 예보가 (　다를,　틀릴　) 때가 있다.

◉ 바른 말을 사용해야 하는 까닭이 무엇인지 생각해 보세요.

생각을 정확하게
표현할 수 있어.

다른 사람과 대화할 때
오해를 줄일 수 있어.

우리말을 소중히 여길
필요가 있기 때문이야.

⦿ 문장을 읽고 말의 뜻을 생각해 보세요.

나와 동생은 서로 다른
과일을 좋아합니다.

농구와 축구는 규칙이
다릅니다.

일기에 틀린 글자가 있
었습니다.

어제 수학 시간에 한
문제를 틀렸습니다.

배울 거리 바른 말 알기

이렇게 배워요

'틀리다'와 '다르다'처럼 일상생활에서 혼동하기 쉬운 말 가운데에서 바른 말이 무엇인지 알아보는 활동을 해 보세요.

선생님과 함께 미리 보는 국어책

파란색으로 쓴 낱말의 뜻을 생각하며 가 와 나 를 보세요.

은주의 키가 더 적어.

적다고? 작다는 말이겠지?

도서관에서 빌린 책을 잊어버린 것 같아.

잊어버렸다고? 잃어버렸다는 말이겠지?

'작다'와 '적다', '잊다'와 '잃다'는 잘못 사용하기 쉬운 표현이에요. 뜻이 다르기 때문에 정확하게 구별해 써야 해요.

◉ 그림에 어울리는 낱말을 보기 에서 찾아 쓰세요.

보기   잃어버리다   적다   작다   잊어버리다

낱말의 뜻에 어울리는 그림을 찾아 선으로 이어 보세요.

크다 •

많다 •

가르치다 •

가리키다 •

보기 의 낱말을 사용하여 그림에 어울리는 문장을 완성해 보세요.

보기   가리켰다   가르치셨다   잃어버렸다   잊어버렸다

선생님께서 공부를 (   ).

아이가 먼 산을 (   ).

열쇠를 (   ).

유치원 친구의 이름을 (   ).

◉ 정확한 낱말을 골라 문장을 완성해 보세요.

민화는 재민이보다 키가 (작다, 적다).

민화의 색연필은 재민이의 색연필보다 숫자가 (작다, 적다).

우리 집에는 새끼 강아지가 (많다, 크다).

호랑이는 몸집이 매우 (많다, 크다).

◉ 낱말을 소리 나는 대로 읽어 보세요.

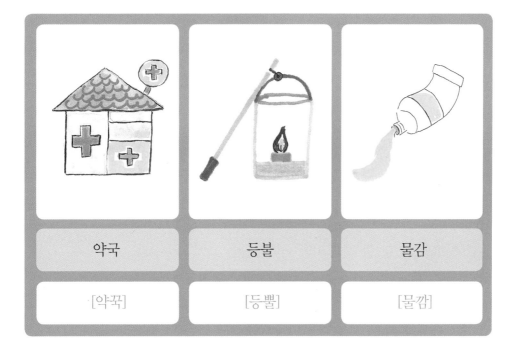

약국	등불	물감
[약꾹]	[등뿔]	[물깜]

배울 거리   바른 말을 사용해 대화하기

이렇게 배워요

지난 추석에 있었던 일 가운데에서 가장 기억에 남는 일에 대해 생각해 보세요.

선생님과 함께 미리 보는 국어책

◉ 추석에 있었던 일 중에 가장 기억에 남는 일을 써 보세요.

파란색으로 쓴 낱말에 주의하며 「보름달」을 읽어 보세요.

20○○년 10월 15일 금요일	날씨: 맑음

보름달

　지난 주말에 우리 가족은 야영을 갔다. 야영장에 텐트를 치고 강가에서 낚시를 했다. 저녁에는 미리 준비한 주먹밥을 먹었다. 밤에는 노래를 들으며 놀았다. 그러다가 하늘에 뜬 달을 발견했다. 탐스러운 보름달이었다. 아버지께서는 달을 보며 소원을 빌면, 언젠가 이루어진다고 하셨다. 나는 우리 가족이 늘 건강하게 해 달라고 빌었다. 내 마음속에도 보름달이 떠올랐다.

◉ 보기 처럼 낱말을 소리 나는 대로 쓰고 바르게 읽어 보세요.

보기

보름달 [보름딸]

[보름딸]이라고 소리 나더라도
'보름달' 이라고 써야 해요.

강가	강까
주먹밥	주먹빱
마음속	마음쏙

'강가', '주먹밥', '마음속'을 여러 번 자연스럽게 읽어 보세요.
소리와 글자가 어떻게 다른가요? 글자와 다르게 소리가 납니다.
편하게 발음하기 위해서 글자와 소리가 달라지는 거예요.

넓다	널따
얇다	얄따
밟다	밥따

바른 말을 사용하기 위해 할 수 있는 일을 떠올려 보고 실천해 보세요.

낱말의 정확한 뜻을 찾아본다.

우리말을 사랑한다.

줄임말을 함부로 사용하지 않는다.

맞춤법에 맞추어 글을 쓴다.

◉ 바른 말을 사용하기 위해 할 수 있는 일을 떠올려 보고 실천해 보세요.

🎈 친구들에게 말하고 싶은 내용을 짧은 문장으로 써 보세요.

(예) 바른 말은 천사의 노랫소리

말하고 싶은 내용을 간결하고 짧은 문장으로 쓰면 효과적으로 알림 활동을 할 수 있어요.

🎈 알리고 싶은 내용을 글과 그림으로 표현해 보세요.

텔레비전이나 신문에서 광고를 본 경험을 이야기해 봐요. 상품을 팔기 위한 광고도 있고, 옳은 일을 많은 사람에게 알리기 위한 광고도 있어요.

되돌아보기 고운 말을 하려고 노력했는지 확인해 보기

이렇게 배워요

8단원에서는 바른 말을 사용하면 좋은 점, 바른 말을 사용해서 대화하기, 바른 말을 사용해서 글쓰기, 바른 말을 사용하기 위해 알림 활동하기에 대해 배웠어요. 배운 내용을 떠올려 보세요.

● 평소에 자신이 바르고 고운 말을 쓰려고 노력했는지 확인해 보세요.

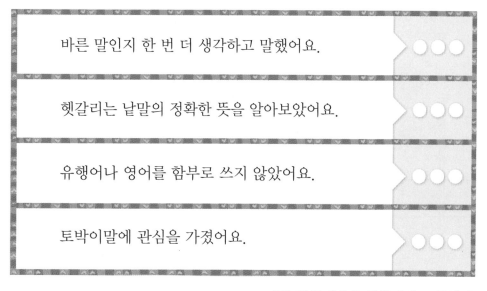

바른 말인지 한 번 더 생각하고 말했어요.

헷갈리는 낱말의 정확한 뜻을 알아보았어요.

유행어나 영어를 함부로 쓰지 않았어요.

토박이말에 관심을 가졌어요.

매우 잘함 ●●● 잘함 ●● 보통임 ●

친구들 앞에서 바른 말로 발표를 합니다.

낱말의 정확한 뜻을 생각하며 일기를 씁니다.

학습 목표 글을 읽고 주요 내용을 말할 수 있어요.

배울 거리 글에서 주요 내용이 무엇인지 알기

🌑 이렇게 배워요

글을 읽고 글에서 알리고자 하는 주요 내용이 무엇인지 찾아보는 활동을 해 보세요. 현진이가 겪은 일을 생각하며 만화를 읽어 보세요.

🌑 선생님과 함께 미리 보는 국어책

◉ 만화의 내용을 떠올리며 물음에 답해 보세요.

🎈 현진이는 교실 바닥에서 무엇을 주웠나요?

［　　　　　　　　　　　　　　　　　　　　　］

🎈 현진이는 어떤 고민을 하고 있나요?

［　　　　　　　　　　　　　　　　　　　　　］

◉ 현진이가 겪은 일에 대해 쓴 글이 학급 게시판에 실렸습니다. 물음에 답해 보세요.

학용품에 꼭 이름을 쓰자

김현진

　친구들아, 학용품에는 꼭 이름을 쓰자. 이름을 써 놓지 않으면 교실 바닥에 떨어진 학용품을 주워도 누가 주인인지 알 수 없어. 학용품을 찾지 못하면 잃어버린 사람은 새로 사야 할 수도 있어. 그러면 돈이 낭비될 거야.

　학용품에 꼭 이름을 써서 학용품을 잃어버린 친구에게 쉽게 돌려줄 수 있으면 좋겠어.

🎈 현진이가 친구들에게 무엇을 하자고 했나요?

［　　　　　　　　　　　　　　　　　　　　　］

🎈 현진이는 학용품에 이름을 쓰지 않으면 어떤 어려움이 있다고 했나요?

［　　　　　　　　　　　　　　　　　　　　　］

배울 거리   글을 읽고 주요 내용을 찾는 방법 알기

이렇게 읽어요

글을 읽고 주요 내용을 찾는 방법을 생각하며 글을 읽어 보세요. 자신의 경험을 떠올리며 「이가 아프지 않으려면 어떻게 해야 할까?」를 읽어 보세요.

선생님과 함께 미리 보는 국어책

이가 아프지 않으려면 어떻게 해야 할까?

아침을 먹을 때였습니다. '와삭와삭', '오독오독' 모두 맛있게 먹고 있는데 난 한 입도 못 먹었습니다. 이가 아팠기 때문입니다. 어머니께서는 이를 잘 닦지 않아서 아픈 거라며 치과에 가서 치료를 받아야 된다고 말씀하셨습니다.

어머니와 간 치과에는 이가 아파서 온 친구가 많았습니다.

"가림아, 음식을 먹고 이를 잘 닦지 않았지? 이를 잘 닦지 않아 이가 썩었구나."

의사 선생님께서 썩은 이를 치료하셨습니다. 아프기도 하고 무섭기도 해서 나도 모르게 눈물이 찔끔찔끔 나왔습니다. 의사 선생님께서는 입안에 음식 찌꺼기가 남아 있으면 입안에 사는 벌레가 이를 썩게 한다고 하셨습니다. 평소에 이를 잘 닦지 않은 것이 많이 후회되었습니다. 이 닦기만 잘해도 이를 건강하게 지킬 수 있습니다. 이를 잘 닦지 않으면 이가 썩어서 건강을 해치고 아파서 고생하니까 이를 잘 닦는 습관을 길러야 하겠습니다.

이가 아팠던 경험을 떠올리며 글을 읽고,
이 글에 담긴 주요 내용이 무엇인지 찾아보세요.

🎯 글을 읽고 주요 내용을 찾는 방법을 알아보며, 보기 에서 알맞은 말을 골라 빈칸에 써 보세요.

> 보기   내용   제목   까닭

(제목   )을 보고 어떤 내용인지 짐작합니다.

글쓴이가 말하고 싶은 (   )이 무엇인지 찾습니다.

글쓴이가 그렇게 말한 (   )을 찾습니다.

🎯 글쓴이가 하고 싶은 말은 무엇인가요? 이 글의 주요 내용을 찾아보세요.

글을 읽고 주요 내용을 파악하려면 글쓴이가
제목을 왜 그렇게 정했는지 생각해 봐야 해요. 그다음에
글쓴이가 말하고 싶은 내용과 그 까닭을 찾아보세요.

「이가 아프지 않으려면 어떻게 해야 할까?」를 읽고 물음에 답해 보세요.

가림이는 언제 이가 아팠나요?

가림이의 이가 썩은 까닭은 무엇인가요?

치과에 다녀온 가림이는 어떻게 했을까요?

「자연을 보호해야 해요」를 읽고 물음에 답해 보세요.

자연을 보호해야 해요

자연은 우리에게 여러 가지 도움을 주고 있어서 우리가 살아가는 데 떼려야 뗄 수가 없습니다. 우리는 살아가는 데 없어서는 안 될 자연을 보호하고 아껴야 합니다. 그러면 자연을 보호하기 위해 우리가 실천할 수 있는 일을 생각해 볼까요?

먼저, 식물을 아끼고 보호하는 마음을 가져야 합니다. 나무를 함부로 꺾거나 꽃이 예쁘다고 꺾으면 안 돼요. 잘 자라던 나무를 꺾으면 오랜 시간을 기다려야 새로운 줄기나 잎이 다시 나옵니다.

그리고 공원이나 산에 갈 때에는 쓰레기를 함부로 버리지 않아야 합니다. 산에 버려진 쓰레기가 썩는 데는 시간이 많이 걸립니다. 그러므로 산에 올라갈 때에는 쓰레기 봉지를 준비해 그곳에 쓰레기를 담아 와야 합니다.

또, 가까운 거리는 걷거나 버스, 지하철을 이용해 움직여야 합니다. 자동차에서 나오는 검은 연기가 나무를 잘 자라지 못하게 하고 우리가 숨 쉬는 공기도 나빠지게 합니다.

우리는 자연 없이는 살아갈 수 없습니다. 더 좋은 환경에서 살기 위해서는 자연을 아끼고 보호할 수 있도록 실천해야 합니다.

제목 「자연을 보호해야 해요」를 보면 어떤 내용일 것 같나요?

주요 내용을 찾기 위해 무엇을 살펴보았나요?
제목에 담긴 뜻을 알아보아야 해요. 제목을 보고 내용을
짐작해 보면 글쓴이가 하려는 이야기를 알 수 있어요.

🎈 글의 주요 내용을 확인하여 바르게 선으로 이어 보세요.

식물을 아끼고 보호하는 마음을 가져야 한다.	자동차에서 나오는 검은 연기가 나무를 잘 자라지 못하게 하고 공기도 나빠지게 한다.
공원이나 산에 쓰레기를 함부로 버리지 않는다.	나무를 꺾으면 나무가 다시 자라는 데 오랜 시간이 걸린다.
가까운 거리는 걷거나 버스, 지하철을 이용한다.	쓰레기가 썩는 데는 시간이 많이 걸린다.

🎈 글쓴이가 말하고 싶은 내용과 그렇게 생각한 까닭을 찾아 써 보세요.

글쓴이가 말하고 싶은 내용	글쓴이가 그렇게 생각한 까닭
자연을 보호하자.	자연은 우리에게 여러 가지 도움을 주고 있어서 우리가 살아가는 데 떼려야 뗄 수 없기 때문이다.

● 경진이가 신영이에게 쓴 글을 읽어 보세요.

신영아, 어제 내가 너에게 게으르다고 말해서 속상하게 만든 것 사과할게.

사실 나는 청소 시간에 네가 친구들과 이야기만 하며 놀고 있는 것 같아서 기분이 좋지 않았어. 선생님께서 들어오시자 네가 갑자기 청소하는 모습을 보이니 화가 나기도 했어. 그래서 너에게 게으르다고 말했는데, 그 말이 네 마음을 아프게 한 것 같아. 네 기분을 생각하지 않고 말한 점 미안해.

이제 화해하고 사이좋게 지내자.

그럼 안녕.

경진 씀

● 경진이가 신영이에게 쓴 글을 읽어 보세요.

◯ 경진이는 신영이에게 왜 화가 났나요?

◯ 친구를 화나게 하는 일이 없도록 하려면 어떤 말을 사용해야 할까요?

◉ 주요 내용이 무엇인지 생각하며 광고를 읽어 보세요.

이름도 쓰임새도 모두 다른 손가락.

그 가운데 제일 잘난 것은 없습니다.

나라도 얼굴도 모두 다른 사람들.

서로를 존중하며 함께할 때 우리는 함께 행복해질 수 있습니다.

손을 활짝 펴 지금 인사해 보세요.

안녕, 우리 친구하자.

◉ 광고 글을 읽고 주요 내용을 찾아보세요.

🎈 손가락들에 대해 어떻게 이야기하고 있나요?

🎈 이 광고는 우리가 어떻게 하기를 바라고 있는지 쓰세요.

> 공익 광고에는 어떤 것이 있는지
> 찾아보고 광고 문구와 광고를 만든 사람이
> 하고 싶은 말을 찾아보세요.

되돌아보기 글을 읽고 주요 내용을 찾는 방법 정리하기

이렇게 배워요

9단원에서는 글에서 주요 내용이 무엇인지 알아보고, 글을 읽고 주요 내용을 찾는 방법에 대해 배웠어요. 글을 읽고 주요 내용을 확인하고 자신의 생각을 친구들에게 말해 보세요.

글을 읽고 주요 내용을 찾는 방법으로 알맞은 것에 ○표 하세요.

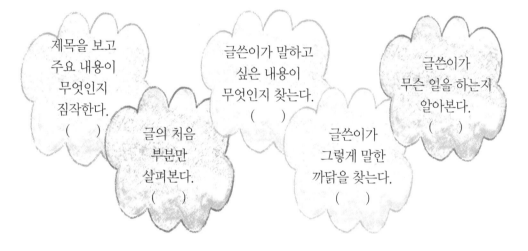

제목을 보고 주요 내용이 무엇인지 짐작한다. ( )

글의 처음 부분만 살펴본다. ( )

글쓴이가 말하고 싶은 내용이 무엇인지 찾는다. ( )

글쓴이가 그렇게 말한 까닭을 찾는다. ( )

글쓴이가 무슨 일을 하는지 알아본다. ( )

이 단원에서 배운 내용을 생활 속에서 실천해 보세요.

어린이 신문에서 글쓴이가 말하고자 하는 내용을 찾아볼래요.

교실에서 일어난 문제에 대해 내 생각을 말해 볼래요.

이야기책을 읽고 글쓴이가 제목을 그렇게 지은 까닭을 생각해 볼래요.

학습 목표 바르고 고운 말을 사용해 칭찬하는 말을 하고 칭찬하는 글을 쓸 수 있어요.

배울 거리 칭찬하는 말을 주고받으면 좋은 점 알기

이렇게 배워요

칭찬을 들으면 기분이 어떤가요? 기분이 좋아질 거예요. 칭찬하는 말을 주고받으면 어떤 점이 좋은지 생각해 보세요

선생님과 함께 미리 보는 국어책

배울 거리　칭찬하는 말을 하거나 들었던 경험 나누기

이렇게 배워요

친구들이 이야기를 나누는 내용을 들으며 칭찬하는 말을 하거나 들었던 경험을 떠올려 보세요. 자신이 칭찬하는 말을 하거나 들었던 경험을 써 보세요.

선생님과 함께 미리 보는 국어책

부모님이나 가족	엄마 심부름을 해 주어서 고맙다. 숙제도 다하고 엄마 심부름까지 해 주고 엄마가 정말 기쁘단다.
내가 칭찬하는 말을 하거나 들었던 일	
선생님	인사하는 표정이 밝구나. 네 인사를 받으니 선생님도 기분이 좋아지는구나.
내가 칭찬하는 말을 하거나 들었던 일	
친구	오늘 달리기 정말 잘하더라. 네가 달리기를 잘해서 우리 팀이 이길 수 있었어.
내가 칭찬하는 말을 하거나 들었던 일	

칭찬을 받으면 기분이 좋아지고 자신감이 생기게 되지요. 칭찬을 주고받는 것은 매우 좋은 일이에요.

🌑 칭찬 동자가 칭찬할 친구들을 찾기 위해 서현이네 학교 운동장에 갔습니다. 칭찬하는 말을 하거나 들었던 자신의 경험을 떠올리며 그림을 살펴보세요.

● 칭찬 상장을 만들려고 합니다. 보기 와 같이 칭찬 상장을 전하고 싶은 사람과
칭찬할 내용을 떠올려 보세요.

보기
환경미화원

동네를 깨끗이 청소해 주심.

쓰레기를 치워 주심.

엄마

소방관

경찰관

나에게 도움을 주었거나, 다른 사람을 위해서
봉사하고 좋은 일을 한 사람들을 떠올려 보며
칭찬할 내용을 정리해 보세요.

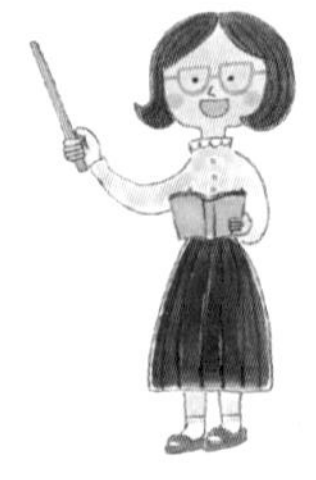

다음 칭찬 상장을 읽고 상장 안에 들어갈 내용을 살펴보고 빈칸에 알맞은 낱말을 보기 에서 찾아 쓰세요.

보기   사람   칭찬   까닭

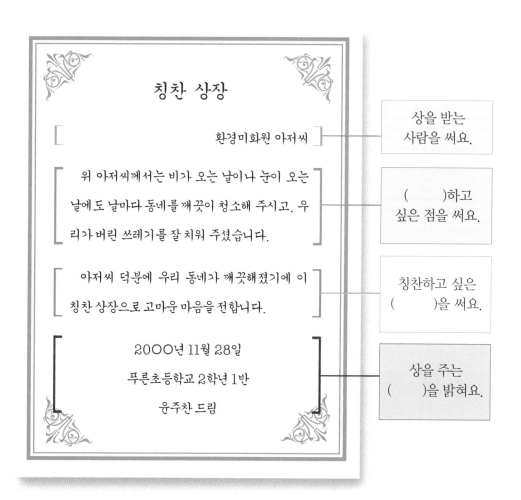

칭찬 상장

[환경미화원 아저씨   ]

상을 받는 사람을 써요.

[위 아저씨께서는 비가 오는 날이나 눈이 오는 날에도 날마다 동네를 깨끗이 청소해 주시고, 우리가 버린 쓰레기를 잘 치워 주셨습니다.]

(   )하고 싶은 점을 써요.

[아저씨 덕분에 우리 동네가 깨끗해졌기에 이 칭찬 상장으로 고마운 마음을 전합니다.]

칭찬하고 싶은 (   )을 써요.

[2000년 11월 28일
푸른초등학교 2학년 1반
윤주찬 드림]

상을 주는 (   )을 밝혀요.

칭찬 상장을 만들 때에는 칭찬하는 까닭과 칭찬하는 내용이 잘 드러나게 만들어야 해요.

배울 거리 칭찬하는 말과 대답하는 말을 하는 방법 알기

이렇게 배워요

친구들의 대화를 보고 칭찬하는 말과 대답하는 말을 하는 방법을 구체적으로 배워 보세요. 칭찬하는 말과 대답하는 말을 하는 방법을 생각하며 빈칸에 알맞은 말을 보기 에서 찾아 써 보세요.

선생님과 함께 미리 보는 국어책

> 너, 연습 많이 했구나? 노랫말도 벌써 다 외웠네. 너는 무엇이든 열심히 하는 모습이 좋아.

보기

노력하는 점
고마운 점
잘하는 점

열심히 하고 (   )을 찾아 칭찬해요.

> 우아, 네 목소리 정말 좋다. 나도 너처럼 노래를 잘 부르고 싶어.

(   )과 친구가 잘한 일에 대한 자신의 느낌을 말해요.

> 네가 옆에서 노래를 잘 불러 줘서 나도 힘이 나. 네 덕분에 학예회에서 노래를 더 잘 부를 수 있을 것 같아.

(   )이 있으면 '덕분에'와 같은 말을 넣어 칭찬해요.

보기	겸손	칭찬	고마움

그렇게 칭찬해 줘서 고마워.
좀 힘들었는데 네 말을 들으니
힘이 나는 것 같아.

( )을 표시해요.

너는 달리기를 잘하잖아.
나는 그게 부러운걸.

상대를 같이 ( )해 주어요.

아니야, 네가 더 잘 부르는걸?
우리 열심히 연습해서
멋지게 공연하자.

( )한 태도로 대답해요.

친구들이 칭찬하는 말을 하는 대화를 보고 어떤 점이 잘못되었는지 찾아보세요. 그리고 칭찬할 때 주의할 점을 찾아 선으로 이어 보세요.

칭찬하는 말을 할 때에는 표정, 목소리, 행동도 중요해요. 친구와 칭찬하는 말과 대답하는 말을 주고받을 때는 친구의 단점보다 장점을 먼저 보고 아주 작은 것부터 칭찬할 점을 찾아보세요.

◉ 우리 반 친구들에게 칭찬하는 말을 넣어 칭찬 쪽지를 쓰려고 합니다. 친구들의
칭찬할 점을 떠올려 보세요.

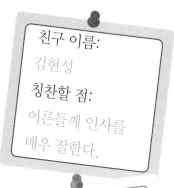

친구 이름:
김현성
칭찬할 점:
어른들께 인사를
매우 잘한다.

친구 이름:
칭찬할 점:

친구 이름:
칭찬할 점:

우리 반 친구들의 얼굴과 이름을 떠올리고
잘하는 점이나 고마웠던 점, 훌륭해 보였던 점이
있는 친구를 생각해 보세요.

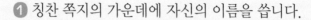

● 칭찬 쪽지를 쓰는 방법을 알아보세요.

❶ 칭찬 쪽지의 가운데에 자신의 이름을 씁니다.
❷ 정해진 순서대로 칭찬 쪽지를 돌리며 칭찬 쪽지에 친구를
　칭찬하는 글을 씁니다.
❸ 칭찬 쪽지의 빈칸이 모두 채워지면 칭찬 쪽지를 돌려받고
　내용을 확인합니다.

친구가 잘하는 점이나 노력하는 점 등 칭찬할 일을 쓰세요.

너는 공룡을 참 잘 그리더라.

너는 분명 멋진 화가가 될 거야.

서현이가

자신의 생각이나 느낌을 쓰고, 누가 썼는지 알 수 있도록 쓴 사람을 밝히도록 해요.

롤링 페이퍼를 쓰거나 본 적이 있나요? 칭찬 쪽지는 롤링 페이퍼와 같이 친구들과 번갈아 가며 하고 싶은 말을 쓰는 것으로 쓰는 내용은 칭찬과 관련된 것이어야 해요.

되돌아보기   칭찬하는 말을 주고받으면 좋은 점을 생각하며 칭찬 쪽지 써 보기

🌑 이렇게 배워요

10단원에서는 칭찬하는 말을 주고받으면 좋은 점과 칭찬하는 말을 하거나 들었던 경험, 칭찬하는 말과 대답하는 말을 하는 방법에 대해 배웠어요. 배운 내용을 떠올려 보세요.

◉ 배운 내용을 떠올리며 바르게 설명한 내용을 찾아 색칠해 보세요.

잘못한 점을 함께 말하며 칭찬하는 것이 좋습니다.

상대의 고마운 점을 찾아 칭찬할 수 있습니다.

칭찬하는 말에 대답할 때에는 고마움을 표시 하거나 상대를 같이 칭찬해 줍니다.

열심히 노력 하는 점을 칭찬합니다.

◉ 이 단원에서 배운 내용을 생활 속에서 실천해 보세요.

진이야, 내가 아팠을 때 같이 있어 줘서 고마 워. 큰 힘이 되었어. 　　　　　－연희가		
친구의 잘한 점을 칭찬하고 싶을 때 칭찬하는 말을 할래요.	가족에게 고마운 마음을 전하고 싶을 때 칭찬하는 말을 할래요.	친구가 나에게 도움을 주었을 때 칭찬하는 말을 할래요.

학습 목표 인형극을 보고 실감 나게 인형극을 할 수 있어요.

배울 거리 인물의 말과 행동 표현하기

이렇게 배워요

친구들이 '놀이 한마당' 축제에 갔습니다. 놀이를 하는 친구들의 말과 행동을 살펴보세요.

선생님과 함께 미리 보는 국어책

'놀이 한마당' 축제에 간 친구들이 썰매 타기, 눈싸움하기, 팽이치기, 연날리기, 눈사람 만들기 놀이를 하고 있군요. 비슷한 놀이를 해 본 경험이 있는지 떠올려 보고, 경험이 있다면 그때의 느낌은 어떠했는지 생각해 보세요.

◉ 친구들의 말과 행동을 자세히 살펴보고 물음에 답해 보세요.

◯ 눈썰매를 타고 있는 친구들의 모습은 어떠한가요?

◯ 눈싸움을 하는 친구들의 모습은 어떠한가요?

◯ 팽이치기를 하는 친구들의 모습은 어떠한가요?

◯ 연날리기를 하는 친구들의 모습은 어떠한가요?

◯ 눈사람을 만드는 친구들의 모습은 어떠한가요?

● '놀이 한마당'에 간 친구들의 말과 행동을 실감 나게 표현해 보세요.

방패연아,
높이높이 날아가라.

앗, 차가워.

눈을 더 크게
굴리자!

그림 속 인물의 말과 행동을 그대로 따라 해도 되지만
인물의 말과 행동을 바꾸거나 새로운 말과 행동을 추가해서
표현하는 것도 좋아요. 주변의 동물이나 사물 등을 실감 나게
표현해 보는 것도 표현력을 기르는 데 효과적이에요.

● 친구들과 거울 놀이를 해 보세요.

놀이방법

❶ 반 친구들의 모습 중에서 한 명을 고르고, 행동과 말을 어떻게 표현할지 생각해 봅니다.

❷ 모둠 친구들끼리 둥글게 마주 보고 섭니다.

❸ 서로 거울을 보고 있다고 생각하고 한 사람이 행동과 말을 하면 다른 사람들이 그대로 따라 합니다.

배울 거리　　표현 방법을 생각하며 인형극 보기

이렇게 읽어요

인물들이 한 행동과 까닭을 알아보며 인물의 행동을 실감 나게 표현하려면 어떻게 하면 좋을지 생각해 보세요.

선생님과 함께 재미있게 읽어 보는 이야기

피노키오

 애, 어쩌다가 여기까지 오게 된 거니?

아침에 학교에 가려고 집을 나섰는데, 어떤 소리가 들려서 따라갔어요. 그 소리는 인형극 천막에서 났어요. 전 다시 학교에 가려고 길을 돌아서서 가는데, 인형극 천막에서 일하는 콧수염을 기르고 검은 안경을 낀 아저씨가 저를 데려갔어요. 아저씨가 넘어졌을 때 있는 힘껏 달려서 여기까지 오게 된 거예요.

피노키오의 말은 사실인 것도 있었지만 반은 거짓말이었어요.

말을 마치자 피노키오의 코가 또 길어졌어요. 이미 다른 사람들의 코보다 훨씬 긴 피노키오의 코는 앞에 서 있던 파란 머리 소녀에게 닿을 정도로 길어졌어요. 파란 머리 소녀는 피노키오를 보고 웃었어요.

 왜 웃는 거예요?

 네가 거짓말을 해서 웃지.

 제가 거짓말을 했다는 걸 어떻게 알아요?

거짓말을 하면 다리가 짧아지거나 코가 길어지는데, 네 경우는 코가 길어지는 거짓말인 것 같구나.

피노키오는 부끄러워서 얼굴이 빨개졌어요. 그리고 앞으로도 점점 코가 길어질 것을 생각하니 눈물이 났어요. 파란 머리 소녀는 피노키오에게 왜 우냐고 물었어요.

    전 제 코가 저절로 자라는 줄 알았어요. 그리고 거짓말이 나쁜 것인 줄 몰랐어요. 그냥 제가 말하고 싶은 대로 말했을 뿐이에요.

    난 파란 머리 요정이란다. 거짓말하는 습관을 고치려고 처음부터 네 코가 자라나게 한 거였지. 앞으로 거짓말하지 않겠다고 약속할 수 있니? 약속한다면 네 코를 줄여 줄 수 있어.

피노키오는 눈을 반짝이고 두 손을 모으며 소리쳤어요.

    약속할 수 있어요. 앞으로는 정말 거짓말을 하지 않을게요. 그러니 제발 제 코를 잘라 주세요.

파란 머리 소녀, 아니 파란 머리 요정은 창문을 열고 손뼉을 쳤어요. 그러자 어디선가 딱따구리들이 몰려와서 피노키오의 코를 쪼아 댔어요. 순식간에 피노키오의 코는 원래대로 줄어들었어요.

파란 머리 요정은 피노키오에게 집으로 돌아가는 길을 알려 주고, 반짝거리는 금화 두 개를 선물로 주었어요.

◉ 장면을 떠올리며 「개미와 베짱이」를 읽어 보세요.

개미와 베짱이

> • 곳: 숲속
> • 나오는 인물: 베짱이, 개미1, 개미2, 개미3

어느 여름날, 개미들은 겨울에 먹을거리를 모으기 위해 열심히 일을 하고 있다. 베짱이는 잎사귀에 누워 기타를 치며 놀고 있다.

개미들: (먹을거리를 옮기며) 영차, 영차.

개미1: 잠깐 쉬어 갈래? 너무 힘들어.

개미2: 그래. 힘들긴 하지만 지금 열심히 일하면 겨울에는 따뜻한 집에서 맛있는 음식을 먹으며 쉴 수 있을 거야.

베짱이: (기타를 튕기며) 나는야 베짱이. 천재 음악가라네.

개미3: (귀를 기울이며) 누가 노래를 부르고 있지?

개미1: (베짱이 쪽을 가리키며) 누구긴 누구겠어. 놀고먹는 것만 좋아하는 베짱이지.

개미2: 베짱이야! 그렇게 놀기만 하면 겨울에는 굶을지도 몰라.

개미1: 그래, 우리랑 같이 일하자.

베짱이: (코웃음을 치며) 나는 기타를 치며 노래하는 게 세상에서 가장 좋아. 내가 하고 싶은 일만 할 거야.

개미2: (혀를 차며) 쯧쯧, 저러다 후회할 텐데.

베짱이: (기타를 튕기며) 나는야 베짱이. 천재 음악가라네.

개미3: (베짱이 쪽을 멍하니 바라보며) 그런데 얘들아, 베짱이가 부르는 노래 정말 좋지 않니? 저 노랫소리를 들으니까 기운이 나는 것 같아.

개미1: 하지만 먹을 것이 없으면 노래가 무슨 소용이야?

개미2: 맞아. 그저 열심히 일하는 게 최고라고. 어서 일하자!

추운 겨울이 되자 베짱이는 먹을거리가 없어서 추위에 벌벌 떨며 숲속을 헤맨다.

베짱이: 춥고 배고프니까 노래도 못 하겠네. 여름에 개미의 말을 듣고 조금이라도 먹을거리를 모아 뒀더라면 좋았을 텐데……. 개미네 집엔 먹을 것이 많겠지? 한번 찾아가 볼까?

베짱이가 개미의 집 앞에 도착한다.

베짱이: (문을 두드리며) 개미야, 개미야!

개미2: 아니, 이게 누구야. 베짱이 아니니?

베짱이: (고개를 푹 숙이며) 너무 배가 고파서 너희를 찾아왔어.

개미3: (베짱이의 손을 잡아끌며) 추운데 어서 들어와.

베짱이: 고마워. (집 안에 들어와서 개미들이 모아 둔 먹을거리를 보고) 너희

는 지난여름에 열심히 일하더니, 이 추운 겨울에도 먹을거리가 가득하구나.

개미1: 그래서 같이 일하자고 했었잖아.

베짱이: (힘없는 목소리로) 맞아. 그때 너희 말을 들었어야 했는데, 미안하지만 먹을거리를 나누어 줄 수 있겠니?

개미3: 그럼. 어서 앉아. 우리 함께 나누어 먹자.

베짱이: 정말 고마워.

개미1: (한숨을 쉬며) 그나저나 먹을 것은 많은데, 집 안에만 있으려니 너무 답답하고 심심해.

개미2: (창밖을 내다보며) 맞아. 겨울 내내 방에 누워서 먹기만 하는 것도 질렸어. 뭐 재미있는 일 없을까?

개미3: (손뼉을 치며) 아, 재미있는 일이 생각났어!

개미1, 2: 그게 뭔데?

개미3: 베짱이의 노래를 듣는 거야.

베짱이: (깜짝 놀라며) 뭐? 내 노래를?

개미3: 너는 훌륭한 음악가잖아.

개미1: 그거 좋은 생각인데.

개미2: (박수를 치며) 맞아 맞아. 빨리 들려줘!

베짱이: (뒷머리를 긁적이며) 이거 쑥스러운데. 그럼 노래를 한 곡 불러 줄게.

베짱이가 기타를 치며 노래를 부른다.

개미들: (박수를 치며) 우아! 정말 잘 부른다.

개미1: 노래는 쓸모없는 것이라고 생각했는데, 이런 감동을 주다니.

개미2: 그러게 말이야. 베짱이의 노래를 들으니까 정말 행복해진다.

개미3: 애들아, 우리 베짱이랑 겨울 내내 함께 살면 어떨까?

개미1, 2: 좋아 좋아!

베짱이: (감격스러운 말투로) 그게 정말이니? 애들아, 고마워.

개미들: (환하게 웃으며) 아니야. 우리야말로 고마운걸.

「개미와 베짱이」에서 개미와 베짱이가 한 말을
실감 나게 읽어 보세요. 인물의 말을 실감 나게 표현하려면
말의 높낮이, 말의 빠르기, 말소리의 크기, 어울리는
목소리를 생각하며 표현해야 해요.

◉ 다음 그림 속 베짱이의 말을 실감 나게 표현하는 방법으로 알맞은 것을 모두 골라 ○표 하세요.

노래하듯이 말한다.

힘없는 목소리로 말한다.

밝은 목소리로 말한다.

◉ 다음 그림 속 개미들의 행동을 실감 나게 표현하는 방법으로 알맞은 것을 모두 골라 ○표 하세요.

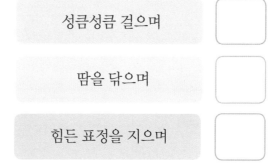

성큼성큼 걸으며

땀을 닦으며

힘든 표정을 지으며

◉ 「개미와 베짱이」에서 한 장면을 골라 인물의 말이나 행동을 실감 나게 표현해 보고, 칭찬할 점을 써 보세요.

내가 고른 장면	
칭찬할 점	

인물의 행동을 실감 나게 표현하려면 몸짓을 분명하게 표현하고 인물의 특징이 잘 드러나게 표현해야 해요.

● 친구들과 함께 역할극을 하려고 해요. 공연할 이야기와 막을 정하고 등장인물을 떠올려 보세요.

🎈 우리 모둠이 공연할 이야기와 막은 무엇인가요?

공연할 이야기	
공연할 막	

우리는 「피노키오」와 「팥죽 할머니와 호랑이」 가운데에서 골라 볼까?

우리는 새로운 역할극을 꾸며 보면 좋겠어.

🎈 우리 모둠이 공연할 막의 등장인물은 누구누구인가요?

🎈 준비해야 할 소품에는 어떤 것이 있나요?

되돌아보기 인물의 말과 행동을 실감 나게 표현해 보기

이렇게 배워요

11단원에서는 인물의 말과 행동을 실감 나게 표현하는 방법에 대해 배웠어요. 배운 내용을 떠올리며 빈칸에 들어갈 내용을 찾아 ○표 하세요.

인물의 말과 행동을 실감 나게 표현하려면 [   ]

| 표정에만 주의하며 표현한다. | [ ] |

| 말소리의 크기를 생각하며 표현한다. | [ ] |

| 말의 높낮이를 생각하며 표현한다. | [ ] |

| 표정이나 몸짓을 분명하게 표현한다. | [ ] |

이 단원에서 배운 내용을 생활 속에서 실천해 보세요.

인물의 말을 실감 나게 표현할 수 있어요.

인물의 행동을 실감 나게 표현할 수 있어요.

수업 시간에 역할극을 할 때 인물의 말과 행동을 실감 나게 표현할 수 있어요.

예시 답안

1. 장면을 떠올리며

12쪽

잠자리와 파리가 날아다니다가 거미줄에 걸린 모습이 떠올라. / 더운 여름날 들판에서 잠자리가 많이 날아다니던 모습을 봤던 기억이 떠올라.

17쪽

이야기 한 편 / 농부 / 훨훨 날아든다. 우뚝 섰다. 쿡 찍는다. 퍽 찍고 달리네. / 재미있는 이야기를 배우게 되어 기뻤을 것입니다. 할머니에게 이야기를 들려줄 수 있게 되어 기뻤을 것입니다.

18쪽

그때 마침 할아버지네 집 담을 넘어 도둑이 슬그머니 들어왔어요.- ①
도둑은 담을 넘어 들어와 몸을 우뚝 세웠어요.- ③
배가 고팠던 도둑이 부뚜막에 있던 떡을 쿡 집어 입에 넣었어요.- ②
도둑은 너무 놀라 담을 훌쩍 넘어 도망쳤어요.- ④

2. 인상 깊었던 일을 써요

25쪽

운동화가 작아져서 새 운동화를 사기 위해서입니다. / 술래잡기입니다. / 아이들이 술래잡기를 함께 하자고 해서 고마웠습니다. 새 운동화를 신고 달리니 붕붕 날아가는 것 같았습니다.

26쪽

"엄마, 운동화가 작아서 발이 아파요.", "엄마, 이 운동화를 사고 싶어요.", 아이들이 술래잡기를 함께 하자고 해서 고마웠다. 새 운동화를 신고 달리니 붕붕 날아가는 것 같았다. 새 운동화를 신어서 달리기가 더 빨라진 것 같았다. 노란 내 새 운동화가 더욱 마음에 들었다.

27쪽

대화하는 부분이 실감 나서 좋다고 하셨습니다. 겪은 일을 생각과 느낌이 잘 드러나게 써서 좋다고 하셨습니다. / 엄마와 신발 가게에서 새 운동화를 산 일, 새 운동화를 신고 친구들과 술래잡기를 한 일이 인상 깊었습니다. / 대화가 생생하다고 하셨습니다.

29쪽

함께 이야기를 하다 보면 겪었던 일이 잘 떠오릅니다.

32쪽

③, ④ / ① / 정성을 담아 준비한 선물이라서 기뻐하셨을 거라 생각합니다. / 어머니를 기쁘게 해 드릴 수 있어서 기쁘고 행복하고 뿌듯하다. 다음 생신 때도 꼭 이번처럼 정성이 담긴 선물을 준비해서 어머니를 기쁘게 해 드려야겠다. 앞으로도 정성이 담긴 선물을 드려야겠다.

34쪽

내 생일날 있었던 일이야. / 우리 집에서 있었던 일이야. / 엄마, 아빠, 동생과 있었던 일이야. / 내 생일날 맛있는 음식과 함께 부모님이 평소에 내가 갖고 싶다고 했던 게임기를 생일 선물로 사 주셨어. / 무척 기쁘고 신났어. 그리고 부모님께 감사한 마음이 들었어.

38쪽

어머니와 도서관에 간 일 / 나는 처음 와 본 도서관이 신기했습니다. '사람이 많은데 정말 조용하구나.' 조용한 데서 읽으니 책이 더 잘 읽히고 재미있었습니다. "참 좋아요! 또 오고 싶어요. 다음 일요일에 다시 와요!" 도서관을 나서는 내 마음은 정말 뿌듯했습니다.
마침표 / 쉼표 / 물음표 / 느낌표 / 큰따옴표 / 작은따옴표

41쪽

색칠하기-기억에 뚜렷이 남는 일을 글감으로 정하면 돼. 대화하는 글로 쓰면 생각이나 느낌이 잘 드러나. 글을 쓸 때에는 문장 부호를 알맞게 써야 해.

3. 말의 재미를 찾아서

46쪽

풍덩 / 엉엉 울었습니다. / 토끼가 깡충깡충 곁으로 뛰어왔습니다.

51쪽

친구들이 후다닥 숨었습니다. 친구들이 쿵쾅쿵쾅 뛰어갑니다. / 영희가 쭉 미끄러졌습니다. 교실 바닥이 미끌미끌했습니다.

52쪽

별 / 바람 / 번개 / 웃음꽃 / 이불 / 달팽이

55쪽

강아지

58쪽

수수께끼 놀이를 할 때 내가 낸 수수께끼가 재미있어서 친구들이 짝짝짝 박수를 치며 좋아했다.

59쪽

참새들이 싫어하는 비는? (허수아비), 산에 숨어서 남의 흉내만 내는 것은? (메아리)

4. 인물의 마음을 짐작해요

65쪽

빨간 부채로 부채질을 하면 코가 길어지고, 파란 부채로 부채질을 하면 코가 작아집니다. / 남편은 코가 길어지고, 아내는 코가 작아져서 무척 놀라고 당황했을 것입니다. / 코가 원래의 모습대로 돌아오게 되어서 다행스럽고 안도하는 마음이 들었을 것입니다.

66쪽

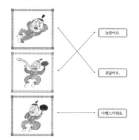

5. 간직하고 싶은 노래

75쪽

직접 팝콘을 만든 일입니다. 만든 팝콘을 먹은 일입니다. / "탁 타타탁", "펑펑 펑펑"이라고 표현했습니다. / "아삭아삭 사라라"라고 표현했습니다. / 옥수수 알갱이가 부풀어 오르면서 냄비 뚜껑을 열고 나갈 것 같아서입니다.

78쪽

민수 집에 놀러갔을 때 강아지가 민수를 반기는 것을 본 일입니다. / 민수가 부러웠어. 나도 강아지를 키우고 싶어……. / ⑤ / 크기는 작은 주전자만 하고 털이 하얗고 꼬리가 동그랗게 말려 있었습니다.

79쪽

응, 생각이나 느낌이 잘 드러나게 고쳐 썼어.

80쪽

노래하는 새 / 주룩주룩 내리는 비 / 방글방글 웃는 아기 / 씽씽 달리는 빨간 자동차

81쪽

발표할 때마다

두근거리는 가슴

손을 들까 말까

망설이다 보면

친구가 답을 말한다.

85쪽

겪은 일에 대한 생각이나 느낌이 잘 드러나도록 꾸밈없이 쓴다. ○ 긴 문장 대신 줄을 나누어 쓴다. ○
소리 내어 읽을 때 노래하듯이 읽을 수 있도록 쓴다. ○

6. 자세하게 소개해요

86쪽

부모님께 친구를 소개한 적이 있습니다. 남자아이이고 성격이 착하고 저를 많이 도와준다고 소개했습니
다. 친구에게 다른 친구를 소개했습니다. 여자아이이고 얼굴이 동그랗고 키가 크다고 소개했습니다.

87쪽

92쪽

2. 허름한 옷 3. 마음씨 4. 제비 5. 동생

94쪽

좋아하는 것 / 잘하는 것 / 모습

96쪽

성별, 나이, 모습, 잘하는 것, 이름, 장래 희망, 좋아하는 것 / 옆에서, 많이, 그림을, 앉아

97쪽

김신성, 남자 / 안경을 쓰고 얼굴이 갸름하다. / 강아지, 게임 / 줄넘기, 축구 / 경찰관

101쪽

읽는 사람이 궁금해할 만한 내용을 씁니다. ◯ 누구에게 쓸 것인지 미리 생각하고 씁니다. ◯ 소개하는 사람의 특징이 잘 드러나게 씁니다. ◯ 소개하는 내용을 맞춤법에 맞게 씁니다. ◯

7. 일이 일어난 차례를 살펴요

106쪽
돌이는 몸집이 크고 뚱뚱하고 배가 유난히 많이 나온 모습일 것입니다. / 게으르고 짜증이 많아 보여요.

108쪽
4 → 1 → 3 → 2

109쪽
뒷다리 / 앞다리 / 개구리

111쪽
2 → 3 → 1

8. 바르게 말해요

113쪽
민수가 장페이에게 '틀리다'라고 했기 때문입니다.
다르다 / 틀릴

116쪽
적다 / 작다 / 잊어버리다 / 잃어버리다

117쪽

118쪽

가르치셨다 / 가리켰다 / 잃어버렸다 / 잊어버렸다

119쪽

작다 / 적다 / 많다 / 크다

120쪽

동생과 제기차기를 한 것이 기억에 남습니다. 할머니 댁에서 가족이 둘러앉아 송편을 빚었습니다. 온 가족이 성묘를 갔습니다.

125쪽

바른 말 사용에 대한 알림 활동을 할 수 있습니다.

9. 주요 내용을 찾아요

127쪽

연필 / 주운 연필의 주인을 찾지 못해 고민하고 있습니다.
학용품에 꼭 이름을 쓰자고 했습니다. / 학용품을 주워도 누가 주인인지 알 수 없다고 했습니다. 학용품을 찾지 못하면 잃어버린 사람은 새로 사야 해서 돈이 낭비된다고 했습니다.

130쪽

내용 / 까닭
이를 잘 닦는 습관을 기르자는 것입니다. 이가 썩으면 아프고 건강을 해치니까 이를 잘 닦자는 것입니다.

131쪽

아침을 먹을 때입니다. / 음식을 먹고 이를 잘 닦지 않았기 때문입니다. / 이를 잘 닦는 습관을 기르기로 했습니다.

133쪽

자연을 아끼고 보호하는 마음을 가지자고 말하는 내용일 것 같습니다.

134쪽

135쪽

청소 시간에 신영이가 친구들과 이야기만 하며 놀고 있는 것 같아 기분이 좋지 않았고, 선생님이 들어오시자 갑자기 청소하는 모습을 보였기 때문에 화가 났습니다. / 아무리 친한 친구 사이라도 친구가 기분 나빠하는 말은 하면 안 됩니다. 기분이 나쁘면 친구와 쉽게 싸우게 됩니다. 그래서 친구와 사이좋게 지내기 위해서는 서로서로 고운 말을 사용해야 한다고 생각합니다.

136쪽

이름도 쓰임새도 다 다르지만 제일 잘난 것은 따로 없다고 했습니다. / 나라가 다르고 얼굴이 다르더라도 서로 존중하며 친구로 지내기를 바라고 있습니다.

137쪽

제목을 보고 주요 내용이 무엇인지 짐작한다. ○ 글쓴이가 말하고 싶은 내용이 무엇인지 찾는다. ○ 글쓴이가 그렇게 말한 까닭을 찾는다. ○

10. 칭찬하는 말을 주고받아요

139쪽

맛있는 요리를 만들어 주신 아버지께 요리가 맛있다고 칭찬하는 말씀을 드린 적이 있습니다. / 숙제를 열심히 해 왔다고 선생님께 칭찬하는 말을 들은 적이 있습니다. / 친구에게 준비물을 빌려주어서 고맙다는 칭찬하는 말을 들은 적이 있습니다.

142쪽

아플 때 보살펴 주심. 맛있는 요리를 해 주심. / 화재가 났을 때 불을 꺼 주심. 응급 상황에 도움을 주심. / 범죄를 저지른 사람을 잡음. 국민의 안전을 위해 일을 하심.

143쪽

칭찬 / 까닭 / 사람

144쪽

노력하는 점 / 잘하는 점 / 고마운 점

145쪽

고마움 / 칭찬 / 겸손

146쪽

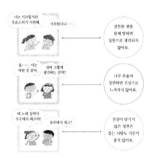

149쪽

색칠하기-상대의 고마운 점을 찾아 칭찬할 수 있습니다. 칭찬하는 말에 대답할 때에는 고마움을 표시하거나 상대를 같이 칭찬해 줍니다. 열심히 노력하는 점을 칭찬합니다.

11. 실감 나게 표현해요

152쪽

썰매를 타고 내려오고 있습니다. 신나 보입니다. / 눈을 던질 준비를 하고 있습니다. 눈을 맞았습니다. / 팽이채를 들고 팽이를 돌리고 있습니다. 누가 이길까 생각합니다. / 연을 높이 날리고 있습니다. 연이 나뭇가지에 걸리지 않았으면 생각하고 있습니다. / 눈사람을 만들려고 눈을 크게 굴리고 있습니다. 눈사람의 코에 대해 생각하고 있습니다.

161쪽

노래하듯이 말한다. ◯   밝은 목소리로 말한다. ◯

땀을 닦으며 ◯   힘든 표정을 지으며 ◯

163쪽

말소리의 크기를 생각하며 표현한다. ◯

말의 높낮이를 생각하며 표현한다. ◯

표정이나 몸짓을 분명하게 표현한다. ◯